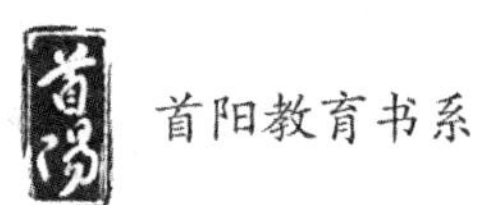

高校思想政治教育的多维探索与路径优化

郝 伟 高蓉蓉 丁 铮 著

陕西师范大学出版总社 西安

图书代号 JY25N1235SY

图书在版编目（CIP）数据

高校思想政治教育的多维探索与路径优化 / 郝伟，高蓉蓉，丁铮著．-- 西安 ：陕西师范大学出版总社有限公司，2025．4．-- ISBN 978-7-5695-5791-6

Ⅰ．G641

中国国家版本馆 CIP 数据核字第 2025RJ1517 号

高校思想政治教育的多维探索与路径优化

GAOXIAO SIXIANG ZHENGZHI JIAOYU DE DUOWEI TANSUO YU LUJING YOUHUA

郝　伟　高蓉蓉　丁　铮　著

出 版 人　刘东风
出版统筹　杨　沁
责任编辑　周天鸿　赵苏萍　段　静
责任校对　曹小荣
特约编辑　葛子森
封面设计　李小锋
出版发行　陕西师范大学出版总社
（西安市长安南路 199 号　邮编　710062）
网　　址　http://www.snupg.com
印　　刷　天津和萱印刷有限公司
开　　本　710 mm×1000 mm　1/16
印　　张　11.5
字　　数　230 千
版　　次　2025 年 4 月第 1 版
印　　次　2025 年 4 月第 1 次印刷
书　　号　ISBN 978-7-5695-5791-6
定　　价　60.00 元

读者使用时若发现印装质量问题，请与本社联系、调换。
电话：（029）85308697

作者简介

郝伟，男，吉林大学马克思主义理论博士，济南大学副教授，研究方向为思想政治教育。

高蓉蓉，女，中国海洋大学思想政治教育专业硕士，济南大学讲师，从事大学生思想政治教育研究。

丁铮，女，天津大学工学博士，济南大学辅导员、讲师，研究方向为思想政治教育、职业生涯规划与就业指导等。

前　言

近年来，随着社会的快速发展和科技的日新月异，高校学生的思想观念、价值取向和行为方式发生了深刻变化。一方面，他们享受着前所未有的信息获取便利和多元文化交流的机会；另一方面，他们也面临着诸多挑战，如理想信念模糊、价值取向扭曲、社会责任感缺失等问题。这些问题不仅影响着学生的个人成长，也对国家和社会的发展构成了潜在威胁。因此，加强高校思想政治教育，引导学生树立正确的世界观、人生观和价值观，已成为高等教育工作中不可或缺的一环。

党和国家高度重视高校思想政治教育工作，强调要用好课堂教学这个主渠道，使各类课程与思想政治理论课同向同行，形成协同效应。这些重要论述为高校思想政治教育工作指明了方向、提出了要求。在新的历史起点上，如何深入贯彻落实国家政策方针，推动高校思想政治教育工作创新发展，成为摆在我们面前的一项紧迫任务。

在此背景下，本书从多个维度对高校思想政治教育进行了探索，并提出具体的优化路径。全书共七章。第一章阐述了高校思想政治教育的概念、原则、价值及环境，为后续章节奠定了理论基础。第二章则回顾了高校思想政治教育的发展历程，分析了高校思想政治教育面临的挑战与现状，为后续探索提供了历史与现实依据。第三章至第五章分别探讨了高校思想政治教育的理念、模式与机制，提出了以人为本、改革创新、全面发展等理念，分析了模式创新的原则与内容、要求及思路，阐述了高校思想政治教育的管理机制、保障机制、评估机制等。第六章是本书的重点章节之一，详细分析了高校思想政治教育队伍的素质要求、建设意义及建设策略，强调了教师作为思想政治教育工作的主体，其素质和能力直接影响着教育效果。因此，加强教师队伍建设，提高教师的政治素养、业务能力和职业道德水平，是提升高校思想政治教育质量的关键。在第七章中，我们展望了高校思想政治教育的发展趋势，提出了创新手段和优化路径。强调要紧跟时代步伐，运用现代信息技术手段，创新思想政治教育的方式和方法，提高教育的针对性和实效性。同时，要加强与社会的联系与合作，形成全社会共同关心、支持高校思想政治教育工作的良好氛围。

全书由郝伟统稿，并担任第一作者，共计撰写 13 万字；高蓉蓉担任第二作者，共计撰写 5 万字；丁铮担任第三作者，共计撰写 5 万字。

在撰写本书的过程中，笔者力求做到内容全面、观点新颖、逻辑严密。然而，由于高校思想政治教育工作涉及面广、内容复杂，加之自身学识有限，书中难免存在不足之处。笔者衷心希望广大读者能够提出宝贵意见和建议，帮助我们不断完善和提高。

回顾历史，深感责任重大；展望未来，满怀信心与期待。愿本书能够为高校思想政治教育工作的创新发展贡献一份力量，也愿每一位教育工作者都能够在这一伟大事业中书写属于自己的辉煌篇章。

目　　录

第一章　高校思想政治教育的基础理论

本章将从高校思想政治教育的概念、原则、价值及环境等多个维度，深入剖析其内在逻辑与外在表现。通过探讨高校思想政治教育的定义与内涵、特点、原则、价值，揭示其在个人成长、社会进步和文化传承中的深远意义。同时，本章还将从环境构成的角度，详细阐述高校思想政治教育环境的多样性、复杂性和层次性，包括按构成要素的性质、环境构成的内容、环境的性质、环境范畴、时间维度和空间维度，以及思想政治教育过程的特定角度等多个方面的划分。通过全面分析这些因素对高校思想政治教育的影响和作用，旨在为优化思想政治教育环境、提升教育效果提供理论支撑和实践指导，促进高校思想政治教育的持续创新与发展。

第一节　高校思想政治教育的概念

一、高校思想政治教育的定义与内涵

（一）高校思想政治教育的定义

高校思想政治教育作为高等教育体系中的核心组成部分，承载着塑造青年一代思想灵魂、培养国家栋梁的重要使命。具体而言，高校思想政治教育是指高校通过精心策划、系统实施的一系列有计划、有目的的教育活动，将马克思主义理论、党的路线方针政策、社会主义核心价值观等深刻内容，深入浅出地传授给广大大学生，旨在全面提升大学生群体的思想政治素质、道德品质和法律意识。这一过程不仅是知识的简单传递，更是思想的深刻启迪、价值的积极引导、行为的规范塑造，对于促进大学生的全面发展、人格塑造具有不可替代的作用。

（二）高校思想政治教育的内涵

高校思想政治教育的内涵丰富而深远，它超越了单纯的知识传授范畴，深入价值观念的引导和行为规范的塑造层面。

首先，它致力于帮助大学生树立正确的世界观、人生观和价值观。在这个信息爆炸、价值多元的时代，大学生面临着前所未有的思想冲击和选择困惑。通过思想政治教育，引导大学生以马克思主义的科学世界观和方法论为指导，正确认识世界和改造世界，形成积极向上、健康稳定的人生态度，以及符合社会主义核心价值观的价值取向。

其次，高校思想政治教育强调坚定大学生的理想信念。理想信念是人生的精神支柱和动力源泉，对于大学生而言，树立崇高的理想信念，坚定中国特色社会主义道路自信、理论自信、制度自信、文化自信，是成长为德智体美劳全面发展的社会主义建设者和接班人的必然要求。深入、系统的思想政治教育，能够使大学生深刻地认识到中国特色社会主义的伟大成就和光明前景，从而更加自觉地投身于实现中华民族伟大复兴的历史使命中去。

最后，高校思想政治教育还注重培养大学生的综合素质和能力，不仅关注大学生的思想政治素质和道德品质，而且重视培养他们的法律意识、创新精神和实践能力。高校通过构建“学科交叉＋产教融合＋数字赋能”的育人新模式，打造虚实融合的实践教学平台。例如，建立智能模拟法庭、创新工坊实验室、数字孪生社会实践基地等，将行业前沿课题转化为教学项目，引导学生在解决复杂现实问题中提升跨学科思维、数字素养和协同创新能力。实施“双导师＋项目制”培养机制，聘请行业领军人才与校内教师共同指导，通过真实项目研发、创新创业孵化、政企联合课题攻关等方式，使学生在技术攻关、社会服务中锤炼法治思维、工匠精神和社会责任感，形成知识迁移应用与价值观塑造的有机统一。

二、高校思想政治教育的特点

（一）政治性

高校思想政治教育具有鲜明的政治性，这是由其本质属性和历史使命决定的。

首先，它是党的教育事业的重要组成部分。中国共产党历来高度重视思想政治教育工作，并将其视为培养革命和建设事业接班人的重要途径。在新时代背景下，高校思想政治教育继续坚持党的领导，确保社会主义办学方向不动摇，为培养德智体美劳全面发展的社会主义建设者和接班人服务。

其次，高校思想政治教育必须坚持社会主义办学方向。这意味着在教育过程中，必须始终坚持以马克思主义为指导，全面贯彻党的教育方针，确保教育内容符合社会主义核心价值观的要求。同时，还要积极引导大学生树立正确的政治观念，增强他们的政治认同感和归属感，使他们成为中国特色社会主义事业的坚定支持者和积极参与者。

最后，高校思想政治教育的政治性还体现在其服务国家大局的功能上。当前，我国正处于实现中华民族伟大复兴的关键时期，面临着诸多挑战和机遇。高校思想政治教育必须紧紧围绕国家大局，服务经济社会发展需要，为培养具有爱国情怀、创新精神和国际视野的高素质人才贡献力量。

（二）社会性

高校思想政治教育具有广泛的社会性，这是由其教育对象和教育内容决定的。首先，大学生作为高校思想政治教育的对象，来自五湖四海，具有广泛的社会背景和多元的思想观念。这使得高校思想政治教育必须充分考虑大学生的实际需求和思想特点，因材施教、因势利导地开展教育活动。

其次，高校思想政治教育的内容涉及社会生活的方方面面。它不仅关注大学生的思想政治素质提升和道德品质培养，而且涉及法律知识、心理健康、职业规划等多个领域。高校可通过组织丰富多彩的校园文化活动和社会实践活动，使大学生在实践中了解社会、认识社会、服务社会，进而为未来的职业生涯和社会生活做好充分准备。

此外，高校思想政治教育还承担着引领社会风尚、促进社会和谐的重要使命，通过传播正能量、弘扬主旋律，引导大学生形成正确的价值观念和道德标准，为全面建设社会主义现代化国家贡献力量。同时，高校思想政治教育还应积极关注社会热点问题和民生问题，引导大学生关注社会现实、参与社会实践，培养他们的社会责任感和使命感。

（三）思想性和教育性

高校思想政治教育具有深刻的思想性和教育性，这是由其教育目标和教育过程决定的。

首先，它注重引导大学生树立正确的思想观念和价值观念。深入系统的思想政治教育，能够使大学生深刻理解马克思主义的基本原理和科学体系，掌握正确的世界观和方法论，形成符合社会主义核心价值观的思想观念和价值取向。

其次，高校思想政治教育强调培养大学生的道德品质和法律意识。通过组织道德讲堂、法治讲座等活动，使大学生了解基本的道德规范和法律法规，增强他们的道德自律性和法律意识。同时，还要注重培养大学生的诚信意识、责任意识和感恩意识等优秀品质，使他们成为具有高尚道德情操和良好法律素养的公民。

最后，高校思想政治教育还注重提高大学生的综合素质和能力水平。通过组织学术讲座、科技创新活动、文体比赛等多种形式的教育活动，激发大学生的学习兴趣和创新活力，培养他们的实践能力和团队协作能力。同时，还要注重培养大学生的国际视野和跨文化交流能力，使他们成为具有全球竞争力和国际影响力的高素质人才。

（四）实践性和创新性

高校思想政治教育兼具实践性和创新性，这一特性深深根植于其独特的教育方法与手段之中。

首先，实践育人是高校思想政治教育的重要理念。组织和开展各类社会实践活动，为大学生搭建起实践锻炼的平台。在这些实践中，大学生不仅能够积累经验、提升能力，而且能够将所学知识与实际相结合，提升解决实际问题的能力。这种理论与实践的紧密结合，为大学生未来的职业生涯和社会生活奠定了坚实的基础。

其次，在育人方式和方法上，高校思想政治教育始终保持着与时俱进的创新精神。随着信息技术的飞速发展和新媒体的广泛普及，高校思想政治教育不断探索和创新育人新模式。利用网络平台开展在线学习、互动交流，借助虚拟现实（Virtual Reality，VR）技术模拟真实场景进行实践教学，运用大数据分析技术精准把握大学生的思想动态和需求变化，这些创新举措极大地提高了教育的效果和质量，增强了教育的针对性和实效性。

最后，高校思想政治教育还应注重培养大学生的创新意识和创新能力。通过组织科技创新活动、创业大赛等形式多样的教育活动，激发大学生的创新活力和创业意识；同时，提供创新实践平台和机会，支持大学生积极参与创新实践，不断提升创新能力和实践水平。

综上所述，高校思想政治教育以其鲜明的实践性和创新性为特点，与政治性、社会性、思想性和教育性等其他特性相互关联、相互促进，共同构成了高校思想政治教育的完整体系。这一体系为培养德智体美劳全面发展的社会主义建设者和接班人提供了有力保障，不断推动着高校思想政治教育的深入发展和创新进步。

第二节　高校思想政治教育的原则

一、方向性原则

方向性原则是高校思想政治教育的根本原则，它直接关系到高校教育的性质和方向。在快速变化的社会环境中，坚持方向性原则对于培养具有坚定政治立场和高尚道德品质的社会主义建设者和接班人具有重要意义。

（一）坚持社会主义办学方向

方向性原则首先要求高校思想政治教育必须坚定不移地坚持社会主义办学方向。这意味着高校教育应始终围绕培养德智体美劳全面发展的社会主义建设者和接班人的目标展开。在经济全球化背景下，各种思想文化相交融，高校作为意识形态工作的重要阵地，必须旗帜鲜明地坚持社会主义办学方向，确保教育教学的正确政治方向。

坚持社会主义办学方向，需要高校全面贯彻党的教育方针和政策。这包括坚持马克思主义在意识形态领域的指导地位，用马克思主义中国化时代化的最新理论成果武装师生头脑；坚持立德树人根本任务，把社会主义核心价值观融入教育教学全过程；坚持党对教育工作的全面领导，确保党的路线方针政策在高校得到全面贯彻落实。

（二）注重培养学生的政治素质和道德品质

方向性原则还要求高校思想政治教育必须注重培养学生的政治素质和道德品质。政治素质是大学生的立身之本，它关系到大学生能否坚定理想信念，能否自觉践行社会主义核心价值观。因此，高校思想政治教育应加强对大学生的政治理论教育，引导他们深入学习马克思主义基本原理、党的路线方针政策和国家法律法规，增强他们的政治敏锐性和政治鉴别力。

同时，高校思想政治教育还应注重培养大学生的道德品质。道德品质是大学生的成人之基，它关系到大学生能否形成正确的世界观、人生观和价值观。因此，高校思想政治教育应加强对大学生的道德教育，引导他们树立正确的道德观念和行为规范，培养他们的社会责任感和公民意识。例如，华东师范大学举办了“我和我的祖国：上海市大中小学思政课一体化建设教学观摩活动”，该观摩活动不仅是理论教学的展示，而且包括各种志愿服务和社会实践活动，旨在推进大中小学思政课一体化建设，帮助学生坚定“四个自信”，厚植爱国主义情怀。观摩活动通过不同学段的思想政治课教师围绕同一主题进行教学，展现了思想政治课在不同年龄段的针对性和连贯性，有助于培养学生的政治素质和道德品质。思想政治课内容聚焦“我和我的祖国”，阐释“新思想”里的“爱国观”，与培养学生的政治素质紧密相关，有助于引导学生坚定理想信念，自觉践行社会主义核心价值观。

（三）在教学内容、方法、手段上体现鲜明的政治性和思想性

坚持方向性原则，需要高校思想政治教育在教学内容、方法、手段等方面都体现出鲜明的政治性和思想性。

在教学内容上，要注重马克思主义理论的教学和研究，加强对中国特色社会主义理论体系、社会主义核心价值观等内容的讲解和阐释。

在教学方法上，要注重启发式教学和讨论式教学等互动式教学方法的运用，引导学生积极参与课堂讨论和思考，增强他们学习的主动性和创造性。例如，复旦大学在思想道德修养与法律基础课程中，组织学生进行“社会主义核心价值观主题演讲”活动，要求学生结合个人经历和社会现象，阐述自己对社会主义核心价值观的理解和实践，通过演讲和互动讨论，深化学生对社会主义核心价值观的认知和认同。

在教学手段上，要注重多媒体技术和网络技术的运用，提高课堂教学的生动性和吸引力。目前，许多高校都在积极探索思想政治课在线学习平台的建设，这些平台通常提供丰富的视频教学资源和互动讨论区。在这些平台上，学生可以围绕国家大事、社会热点问题进行在线讨论，教师实时参与引导，确保在线学习平台坚持正确的政治方向，思想内容丰富。这样的在线学习平台为思想政治课教学提供了新的可能性，增强了课程的吸引力和实效性。

总之，在教学内容上强调理论体系的系统性和时代性、在教学方法上注重学生的主体性和参与性、在教学手段上利用信息技术的便捷性和互动性，都是体现高校思想政治教育鲜明政治性和思想性的有效途径。

二、疏导性原则

疏导性原则作为高校思想政治教育的核心原则，其精髓在于通过疏通与引导的双重机制，有效化解学生的思想困惑与问题。在当今多元化、信息化的社会背

景下，这一原则对于引领大学生形成正确的思想观念和规范其行为举止，具有举足轻重的作用。下面将结合实证案例与理论支撑，从三个维度对疏导性原则的应用路径进行阐述。

（一）双向沟通：从“单向灌输”迈向“动态对话”

疏导性原则的核心在于“疏”与“导”的辩证统一。疏通是引导的前提与基础，它要求开放沟通渠道，让学生充分表达、倾诉内心中的疑惑；而引导则是疏通的目的与归宿，旨在深入了解学生需求后，给予精准、有效的支持与指导。孔子的“循循善诱”教育智慧，正是这一原则的生动体现。他通过“博我以文，约我以礼”的师生互动，激发了学生的内在动力，使其在心悦诚服中接受教导。

以某高校处理学生心理危机的实践为例：学生小可因家庭支持缺失而对父母产生怨恨，曾表现出重度抑郁、焦虑。辅导员通过发现她对动漫的热爱和对流浪猫的关爱，逐步引导她与自己建立相互信任关系，并结合家庭系统理论开展疏导。家长也意识到教育方式的不足，积极配合改善关系。最终，小可的心理状态显著改善，与室友的矛盾减少，学业成绩明显提升。

在实际应用中，首先应建立多维沟通渠道，通过课堂教学互动、课后辅导、匿名问卷等多种方式，形成“教师—学生—同伴”三方的对话机制，确保信息畅通无阻；其次应建立量化反馈机制，每学期定期开展思想动态调研，利用数据分析工具（如 SPSS 等）精准识别高频困惑点，据此调整教育策略，提高教育的针对性和实效性。

（二）情感共鸣：从“权威说教”转向“人文关怀”

情感投入是疏导性原则得以生效的心理基础。归属感和尊重需求是个体接受教育的先决条件。人文关怀通过共情建立信任，使教育从外部的强制要求转化为内在的自觉认同，从而激发学生的积极性和主动性。

某高校辅导员帮助患抑郁症学生的案例，为思想政治教育提供了人文关怀的生动实践。该辅导员构建了“贯通式”心理育人体系，具体包括：在家庭协同方面，与家长建立“三方沟通档案”，确保家校信息畅通，避免不当干预造成二次伤害；在同伴支持方面，选拔班级“心理观察员”，通过朋辈交流重塑该学生的集体归属感，让其感受到班级的温暖与支持；在制度保障方面，建立四级心理联防制度，实现危机干预从“被动响应”到“主动预防”的转变。干预后，该学生的学业成绩显著提升，并担任了省级科创竞赛的负责人，其案例也被教育部选为高校心理健康工作典型案例。

在实际应用中，应将情感投入标准化，将“每周谈心时长”“个性化关怀方案”等纳入教师绩效考核体系，确保情感投入成为教师工作的常态。同时，还应利用数字化工具辅助，如人工智能心理测评系统等，动态监测学生的情绪变化，为及时、有效的心理干预提供数据支持。

（三）个性化引导：从“统一要求”走向“精准施策”

疏导性原则的终极目标是促进个体的全面发展。加德纳的多元智能理论强调，教育应尊重个体差异，因材施教。个性化引导通过“因势利导”，将学生的兴趣转化为成长的动力，促进学生的个性化发展。

在个性化指导措施方面，济南大学提供个体生涯咨询、职业生涯测评、生涯邮箱问答等一对一服务，每年完成个体咨询300余例、微咨询近4800次、生涯邮件问答600余次，职业生涯测评完成率达98%。此外，学校还注重提升辅导员的生涯素养，通过“金字塔”式师训体系，增强其精细化指导能力，将生涯技术应用在班会课、团学活动中。

综上所述，疏导性原则的落实，需要突破传统教育模式的束缚，通过数据驱动的沟通优化、心理学支撑的情感共鸣、个性化发展的精准施策，来实现思想政治教育的供给侧结构性改革。高校应构建起“教师—学生—技术—制度”四位一体的疏导体系，让思想政治教育既充满人文关怀的温度，又具备引领成长的力度。如此，方能培养出既具有深厚爱国情怀又具备国际视野的新时代青年。

三、理论联系实际原则

理论联系实际原则是高校思想政治教育的基本原则之一，它强调将理论知识与实践活动相结合，通过实践活动加深学生对理论知识的理解和掌握。在理论与实践相结合的过程中，学生可以更好地认识社会、了解国情、增长才干、锤炼意志。

（一）注重开展各种形式的社会实践活动

理论联系实际原则要求高校思想政治教育必须注重开展各种形式的社会实践活动。社会实践活动是大学生接触社会、了解国情的重要途径之一，它可以帮助学生将理论知识运用于实际生活中去检验和验证其正确性。同时，社会实践活动还可以培养学生的社会责任感和公民意识，提高他们的实践能力和创新能力。

（二）注重实践教学环节的设置和实施

坚持理论联系实际原则，高校思想政治教育在教育教学过程中必须高度重视实践教学环节的设置与实施。实践教学环节作为理论知识与实践活动之间的桥梁和纽带，不仅能够帮助学生将所学知识应用于实际生活中，而且能够有效培养学生的实践能力。

在课程设置上，高校应充分考虑实践教学的需求，除了传统的理论课程，还应积极开设一系列实践课程，如实验课、实训课、社会实践课等。这些实践课程旨在满足不同学生的兴趣和需求，为他们提供多样化的实践平台。在实验课上，学生可以亲自动手操作实验设备，观察实验现象，记录实验数据，从而加深对理论知识的理解和掌握。在实训课上，通过模拟真实的工作环境，学生可以进行技能训练和操作实践，提升自己的实践能力和创新能力。社会实践课则让学生有机会参与各种形式的社会实践活动，锻炼他们的社会责任感和公民意识，进一步培养其实践能力和创新精神。

在教学方法上，教师应注重运用案例教学、模拟教学等互动式教学方法。案例教学通过具体案例来讲解理论知识，帮助学生将理论知识与实际问题相结合，加深对知识的理解和掌握。模拟教学则通过模拟真实情境，使学生能够更好地适应实际工作环境，提高自己的实践能力和应对复杂问题的能力。此外，在教学手段上，高校还应加强实验室、实训基地等实践教学设施的建设和利用，积极开发网络平台、在线课程等自主学习资源，以满足不同学生的自主学习需求和实践需求，全面提升学生的综合素质和实践能力。

四、教育与自我教育相结合原则

教育与自我教育相结合原则是高校思想政治教育的重要基石，它着重强调培养学生的自我教育能力和自我管理能力，引导他们学会自我反思和自我完善，以适应快速发展的社会环境，促进自身的全面发展。

（一）强化自我教育能力与自我管理能力的培养

遵循教育与自我教育相结合的原则，高校思想政治教育必须将学生自我教育能力和自我管理能力的培养置于核心位置。自我教育能力，是学生自主学习的基石，是他们根据个人兴趣和需求，选择适合的学习方法和途径进行自主探索的能力，同时，也要求他们对学习过程和结果进行自我评价与反思，不断优化学习方法，提升学习效果。自我管理能力，则是学生自我约束和自我调控的体现，使他们能够合理规划时间，高效完成学习任务和处理好日常生活事务，保持积极乐观的心态和稳定的情绪状态，从容面对各种挑战与压力。

高校应充分考虑学生的个性化需求，丰富选修课内容，为学生提供多样化的学习选择，鼓励他们根据自身兴趣和发展方向，自主选择学习路径。在教学方法上，教师应积极采用探究式学习、合作学习等互动式教学模式，激发学生的学习兴趣和主动性，引导他们积极参与课堂讨论，培养其批判性思维和创新能力。同时，在教学方式上，高校应充分利用网络平台和在线课程等自主学习资源，满足学生不同时间、不同地点的学习需求，鼓励他们利用这些资源进行自主学习和自我管理，进而提升学习效果，全面提高学生的综合素质。

（二）引导学生树立正确的自我认知和自我评价体系

秉承教育与自我教育相结合的原则，高校思想政治教育在教学实践中需着重引导学生构建正确的自我认知和自我评价体系。自我认知，即学生对自身性格、兴趣、能力及价值观等内在特质的深刻认识与理解，是开展自我教育与自我管理的前提与基础。自我评价，则是学生对学习历程及成果进行的客观、理性的评估与反思，是促进自我改进与提升的重要途径。

具体而言，教师可通过课堂教学互动与课后辅导等多种途径，有效引导学生构建自我认知和自我评价体系。在课堂教学中，教师应鼓励学生主动发言、提出疑问，以此展示其学习成果与思考过程。教师需针对学生的表现给予及时、具体的反馈与指导，助力学生不断优化学习方法，提升学习效果。在课后辅导环节，教师应针对学生的学习难题与思想困惑，提供个性化的辅导与支持，帮助学生形成更为准确、全面的自我认知。此外，教师还应激励学生积极参与各类自我教育与自我管理活动，如学术讲座、研讨小组、社会实践等，以此提升其综合素质与能力水平，进而不断完善其自我认知和自我评价体系。

（三）注重培养学生的自主学习能力和创新思维能力

高校思想政治教育在培养全面发展的学生的过程中，应遵循教育与自我教育相结合原则，着重强化学生自主学习能力与创新思维能力的培养。自主学习能力是学生成长道路上不可或缺的一项关键能力，它意味着学生不仅具备自主选择学习内容、方法的慧眼，而且能够自主安排学习时间与进度。自主学习能力是学生实现自我教育与自我管理的重要基石，为他们的终身学习奠定坚实的基础。

创新思维能力则是学生适应时代发展、推动社会进步的重要武器。它要求学生拥有活跃的创新思维，具备独立思考与解决问题的能力，能够在面对复杂多变的情境时，不畏艰难，勇于探索，提出新颖的观点与方法。这种能力不仅是学生推动自我改进与提升的关键手段，更是他们未来在各行各业中脱颖而出的核心竞争力。因此，高校思想政治教育应高度重视学生自主学习能力与创新思维能力的培养，为他们的全面发展提供有力支持。

五、统一要求与个性化结合原则

统一要求与个性化结合原则是高校思想政治教育的基本原则之一，它强调在保证社会对人才基本要求的同时关注学生的个体差异和个性发展，以实现因材施教和个性化教育。在现代教育环境中，关注学生的个体差异和个性发展对于促进他们的全面发展具有重要意义。

（一）注重了解学生的个体差异和兴趣特长

坚持统一要求与个性化结合原则，需要高校思想政治教育深入了解并充分尊重学生的个体差异和兴趣特长。个体差异体现在学生的性格、兴趣、能力及价值观等多个维度，是影响学生学习成效及未来发展方向的关键因素。兴趣特长则是学生在特定领域展现出的天赋与优势，对激发学生学习热情及创造力起着至关重要的作用。

为全面把握学生的个体差异和兴趣特长，教师可通过多种途径进行深入了解。在课堂上，教师应细致观察学生的表现与学习态度，从而洞悉其性格特点与学习能力；课后，教师则应积极与学生开展深入交流，探寻其兴趣爱好、职业规划等个人信息。通过这些方式，教师能够更全面地掌握学生的个体差异和兴趣特长，为后续实施因材施教与个性化教育提供坚实的基础与有力支持。

（二）针对不同学生的特点和需求进行有针对性的教育与引导

坚持统一要求与个性化结合原则，需要高校思想政治教育在实施过程中针对不同学生的特点和需求进行有针对性的教育与引导。因材施教是指根据学生的个体差异和兴趣特长制订个性化的教育方案，以满足不同学生的学习需求和发展方向；个性化教育则是指根据学生的个性和特点进行有针对性的指导与帮助，以促进他们的全面发展。

（三）注重因材施教和个性化教育

因材施教和个性化教育是统一要求与个性化结合原则的重要体现之一。因材施教强调根据学生的个体差异和兴趣特长制订个性化的教育方案，以满足不同学生的学习需求和发展方向；个性化教育则强调根据学生的个性和特点进行有针对性的指导与帮助，以促进他们的全面发展。在实际操作中，高校可以通过多种途径实现因材施教和个性化教育。

第三节　高校思想政治教育的价值

高校思想政治教育作为高等教育体系的重要组成部分，不仅承载着培养德智体美劳全面发展的社会主义建设者和接班人的重任，而且深刻影响着个人成长、社会进步和文化传承等多个方面。本节将从个人价值、社会价值和文化价值三个维度，深入探讨高校思想政治教育的深远意义。

一、个人价值

高校思想政治教育的个人价值不仅体现在对学生知识体系的完善上，更深刻地体现在对学生个体成长、人格塑造、价值观形成及社会适应的全方位促进作用上。这种价值是多维度的、深层次的，为学生提供了一个全面发展的框架，使他们在面对复杂多变的社会环境时，能够具备坚定的思想基础、良好的道德素养、出色的综合能力和适应社会发展的心理韧性。

（一）思想引领与价值观塑造

1. 确立人生方向

高校思想政治教育通过系统传授马克思主义基本原理，特别是习近平新时代中国特色社会主义思想等核心内容，帮助学生建立起科学的世界观和方法论。在这一过程中，学生不仅学到了理论知识，更重要的是通过这些理论知识指导了自己的实践，明确个人理想与社会发展的统一性。例如，辩证唯物主义思维作为一种科学的思维方式，能够提升学生分析复杂社会问题的能力，使他们能够全面、客观地看待问题，避免陷入极端化或功利化的思维误区。通过思想政治教育，学生能够更加清晰地认识到自己的社会责任和历史使命，从而为自己的人生设定明确的方向和目标。

在具体实施中，高校可以通过开设相关课程、组织专题讲座、开展社会实践等多种形式，将理论知识与实践相结合，使学生在实践中深化对马克思主义理论和社会主义核心价值观的理解。教师还可以通过案例分析、讨论交流等方式，引导学生运用所学知识分析社会现象，培养他们的思维能力和解决问题的能力。

2. 增强文化认同

在经济全球化与多元文化冲击的背景下，保持和增强对本土文化的认同感显得尤为重要。高校思想政治教育通过中华优秀传统文化、革命文化与社会主义先进文化的融合教育，有效培养了学生的文化自信。这种文化自信不仅体现在对本土文化的深刻理解和热爱上，而且体现在对国际文化的开放包容和积极交流上。

例如，对“人类命运共同体”理念的学习，不仅开拓了学生的国际视野，使他们能够站在全球的高度思考问题，而且强化了他们的民族认同感，使他们更加珍惜和传承本土文化。高校可以通过举办国际文化交流活动、开设跨文化沟通课程等方式，促进学生对不同文化的了解和尊重，培养他们的国际视野和跨文化交流能力。

（二）道德素养与人格完善

1. 伦理决策能力的培养

高校思想政治教育在道德素养提升和人格完善方面发挥着重要作用。关于社会公德、职业道德等内容，教师通过案例教学等生动有效的教学方法，引导学生构建道德判断标准。这种具体案例教学可以让学生直观地感受到道德规范的重要性和实践意义。

高校还可以通过开展志愿服务、社会实践等活动，让学生在实践中锻炼道德意志，增强道德责任感。这些活动不仅有助于培养学生的奉献精神和合作意识，而且有助于提升他们的社会责任感和公民意识。

2. 情感态度的养成

红色教育、家国情怀培育在潜移默化中塑造了学生的社会责任感和奉献精神。红色教育通过讲述革命先烈的英雄事迹和革命精神，激发学生的爱国热情和民族自豪感；家国情怀培育则通过强调个人与国家的紧密联系，培养学生的国家意识和民族责任感。

高校可以通过开展主题教育、组织社会实践等方式，让学生在实践中深化对家国情怀的理解，增强他们的社会责任感和奉献精神。同时，教师还可以通过课堂教学、师生互动等方式，引导学生树立正确的人生观和价值观，培养他们的道德情操和人格魅力。

（三）综合能力提升

1. 批判性思维训练

在信息爆炸的时代，批判性思维成为一种重要的能力。高校思想政治教育通过对历史虚无主义、西方意识形态渗透等现象的辨析教学，培养学生的独立思考能力。这种教学不仅让学生了解到这些现象的本质和危害，更重要的是引导他们学会用批判性的眼光看待问题，避免被错误观点所误导。

为了进一步加强批判性思维训练的效果，高校可以通过开设相关课程、组织专题讲座、开展辩论赛等方式，为学生提供更多的学习和实践机会。同时，教师还可以通过课堂教学、课后辅导等方式，引导学生掌握批判性思维的基本方法和技巧，培养他们的独立思考能力和创新精神。

2. 沟通与协作能力

在现代社会中，沟通与协作能力成为衡量一个人综合素质的重要指标。高校思想政治教育通过实践环节中的社会调研、主题辩论等活动，既提升了学生的表达能力，又培养了他们的团队协作意识。这些活动不仅让学生学会了如何与他人进行有效的沟通与协作，而且增强了他们的自信心和责任感。

为了进一步提升学生的沟通与协作能力，高校可以通过开设相关课程、组织团队活动、开展社会实践等方式为学生提供更多的学习和实践机会。教师还可以通过课堂教学、课后辅导等方式引导学生掌握沟通与协作的基本技巧和方法，培养他们的团队意识和合作精神。

（四）社会适应与职业发展

1. 职场竞争力增强

在当今社会竞争日益激烈的情况下，具有职场竞争力成为衡量一个人取得成功的重要标准之一。高校思想政治教育通过培养学生的政治素养与塑造学生正确的价值取向，来增强他们的职场竞争力。用人单位普遍重视员工的政治素养与价值取向，因为一个具备良好政治素养和正确价值取向的员工能够更好地融入企业文化与团队氛围中，为企事业单位的长远发展做出更大的贡献。

为了进一步增强学生的职场竞争力，高校可以通过开设职业规划课程、组织实习实训活动等方式为学生提供更多的职业指导和实践机会。同时，教师还可以通过课堂教学、课后辅导等方式引导学生树立正确的职业观念，培养他们的职业素养和实践能力。

2. 心理韧性建设

在面对职场压力和生活挑战时，心理韧性成为衡量一个人心理素质的重要指标之一。高校思想政治教育通过挫折教育、生命观教育等内容帮助学生保持积极的心态和提升应对压力的能力。这种教育不仅让学生了解到挫折和困难是人生中不可避免的一部分，而且引导他们学会如何正确面对与处理这些挫折和困难。

例如，清华大学“挫折教育工作坊”通过一系列的活动和训练帮助学生应对压力。数据显示，参与该工作坊的学生焦虑指数平均下降23%，抗压能力显著提升。这一数据充分说明了高校思想政治教育在心理韧性建设方面的积极作用。

为了进一步增强学生的心理韧性，高校可以通过开设心理健康教育课程、组织心理辅导活动等方式为学生提供更多的心理支持和帮助。教师还可以通过课堂教学、课后辅导等方式引导学生掌握应对压力的方法，强化他们的心理素质和抗压能力。

（五）终身发展维度

1. 可持续学习能力

在知识爆炸的时代，可持续学习能力成为衡量一个人综合素质的重要指标之一。高校思想政治教育通过马克思主义认识论等理论的教学，强调了实践—认识—再实践的循环过程。这一过程使学生能够持续更新知识结构并适应不断变化的社会环境。

例如，有学者经过调查发现，接受过深度思想政治教育的学生在职业转型中适应性更强。他们能够更好地适应新岗位和新环境的要求，并快速掌握新的知识和技能。这种可持续学习能力有助于学生的个人发展，让他们能够为社会的进步和发展做出更大的贡献。

为了进一步提升学生的可持续学习能力，高校可以通过开设终身学习课程、组织学术讲座等方式为学生提供更多的学习资源和机会。同时，教师还可以通过课堂教学、课后辅导等方式引导学生掌握学习方法和技巧，培养他们的自主学习能力。

2. 幸福感知能力

幸福感知是衡量一个人生活质量的重要指标之一。高校思想政治教育通过正确处理个人与社会、物质与精神的关系的教学，帮助学生树立正确的幸福观念。

这种教学可以让学生了解到幸福不是来自物质的追求和享受，而是来自精神的充实和内心的满足。

为了进一步提升学生的幸福感知能力，高校可以通过开设幸福教育课程、组织心理健康教育活动等方式为学生提供更多的支持。教师还可以通过课堂教学、课后辅导等方式引导学生树立正确的幸福观，培养他们的幸福能力，提升他们的生活品质。

综上所述，高校思想政治教育的个人价值绝非抽象概念，而是具体体现在学生认知升级、行为选择、职业发展乃至生活质量提高的全链条中。这种教育为学生提供了抵御功利主义侵蚀的思想武器，使他们在复杂的环境中既能实现个人价值，又能担当社会责任，最终达成自由而全面发展的终极目标。高校应继续加强和改进思想政治教育工作，不断创新教育方法和手段，为培养更多具有高素质的人才做出更大的贡献。

二、社会价值

高校思想政治教育的社会价值，不仅体现在它作为国家意识形态建设的重要阵地，而且体现在它通过全面、系统的教育方式，培养出一批批具有正确价值观、社会责任感、历史使命感的社会主义建设者和接班人，对社会发展产生了深远的影响。下面将从多个维度具体剖析高校思想政治教育的社会价值。

（一）维护国家意识形态安全，巩固政治认同

1. 筑牢思想防线

高校思想政治教育在维护国家意识形态安全方面发挥着至关重要的作用。通过系统传授马克思主义理论、中国特色社会主义理论体系等核心内容，高校为学生提供了坚实的理论基础，在潜移默化中强化了青年学生对中国共产党领导和社会主义制度的认同。这种认同感的建立，是抵御各种错误思潮渗透的有效防线。

2. 培育政治共同体意识

除了筑牢思想防线，高校思想政治教育还致力于强化学生的政治共同体意识。通过国情教育、形势政策课程等，高校帮助学生全面了解国家的发展战略和政策导向、国内外形势，引导学生将个人发展融入国家需求之中。

例如，在“双循环”新发展格局、共同富裕目标等国家发展战略的宣讲时，高校深入解读了这些战略的背景、意义和实施路径，号召广大青年学子积极投身

其中，为实现国家发展目标贡献自己的力量。这种教育方式的实施，不仅增强了学生的国家意识和民族自豪感，还培养了学生的责任感和使命感，让他们更加自觉地担当起时代赋予的重任。

（二）塑造社会主流价值观，促进文明传承

1. 社会主义核心价值观培育

高校思想政治教育在形塑社会主流价值观方面发挥着举足轻重的作用。通过“课程思政”与专业教育的深度融合，高校将社会主义核心价值观渗透到各学科之中，实现了价值引领与知识传授的统一。

2. 文化基因传承创新

高校思想政治教育致力于文化基因的传承创新，通过有机融合中华优秀传统文化、革命文化和社会主义先进文化等多元文化要素，系统地构建起富有中国特色的价值教育体系。这一体系不仅传承了中华民族的优秀文化基因，弘扬了革命精神谱系，更融入了新时代的核心价值理念，为学生的全面发展提供了全方位、多层次的精神滋养。

例如，清华大学开设的“清”年爱劳动实践课程，就是通过劳动教育传承艰苦奋斗的传统美德。在课程中，学生亲身体验了劳动的艰辛与快乐，深刻理解了劳动的价值和意义。这种教育方式的实施，不仅培养了学生的劳动观念和劳动技能，还激发了学生的创新精神和实践能力。高校还通过弘扬革命文化和社会主义先进文化，引导学生树立正确的世界观、人生观和价值观，在推动社会文明进步和培育时代新人方面彰显育人担当。

（三）优化社会治理结构，推动社会进步

1. 培育公共精神与社会资本

高校思想政治教育在优化社会治理结构、推动社会进步方面发挥着重要作用。通过志愿服务、社会实践等活动，高校提升了学生的社会参与能力，培养了他们的公共精神和社会责任感。

例如，北京大学的“薪火计划”作为一项特色人才培养项目，为党和国家输送了一批批扎根基层、服务人民的优秀骨干力量。这些骨干在实践中积累了丰富的经验，提升了自身的综合素质和能力水平，为基层治理注入了新的活力和动力。复旦大学的“研究生支教团”则持续二十多年向中西部输送教育人才，为当地的教育事业发展做出了积极贡献。这些教育举措的实施，不仅提升了学生的社会实

践能力，还培养了他们的奉献精神和责任意识，为社会的和谐稳定发展提供了有力的人才支撑。

2. 调和社会矛盾的精神指引

高校思想政治教育在塑造学生公共意识和社会责任感的同时，有效发挥价值引领作用，为调和社会矛盾提供思想资源和精神动力。在社会主义市场经济深化发展的背景下，高校通过马克思主义政治经济学等课程的教学，引导学生辩证看待效率与公平、竞争与合作的关系，培养他们服务社会主义现代化建设的责任情怀。

例如，在马克思主义政治经济学的教学中，高校深入剖析了“三次分配”等政策背后的价值导向，让学生深刻理解公平与效率之间的辩证关系。高校还通过案例分析、讨论交流等方式，引导学生正确认识市场竞争和合作的重要性，培养他们的合作精神和竞争意识。这种教育方式的实施，不仅提升了学生的理论素养和分析能力，还培养了他们的社会责任感和使命感，为社会的和谐稳定发展提供了有力的思想保障。

（四）应对全球性挑战，构建国际话语体系

1. 提升意识形态博弈能力

在经济全球化背景下，高校思想政治教育还承担着提升意识形态博弈能力的重要任务。随着“东升西降”的国际格局演变，高校通过比较思想政治教育课程，剖析西方所谓“普世价值”的理论缺陷，培养学生运用马克思主义思想分析国际问题的能力。

例如，在对“修昔底德陷阱”理论的批判性解构中，高校通过深入剖析该理论的逻辑漏洞和历史谬误，引导学生正确认识国际关系的本质和规律。高校还通过介绍中国的发展道路和成功经验，让学生更加坚定地相信中国道路的正确性和优越性。通过讲授这些内容，高校思想政治教育在提升了学生战略思维水平的同时，也培养了他们的爱国情怀和民族自豪感。

2. 培养全球治理人才

除了提升意识形态博弈能力，高校思想政治教育还致力于培养全球治理人才。在人类命运共同体理念的指引下，高校将全球治理观融入思想政治教育中，培养学生参与国际事务的使命意识和责任担当。

（五）推动社会发展与创新驱动

1. 科技创新伦理规制

在科技创新日新月异的今天，高校思想政治教育还承担着科技创新伦理规制的重要职责。针对基因编辑、人工智能等前沿科技领域的伦理争议，高校通过开设科技伦理课程，引导科研工作者树立“科技向善”的价值观。

2. 社会创新文化培育

除了科技创新伦理规制，高校思想政治教育还致力于社会创新文化的培育。在创新创业教育中，高校融入企业家精神和社会责任等要素，培养学生的创新能力和家国情怀。

例如，清华大学 x-lab 等平台将社会价值创造纳入项目评估体系之中，鼓励学生在创新创业过程中关注社会问题、解决社会难题。高校还通过组织创新创业大赛、提供创业孵化服务等方式，为学生的创新创业活动提供有力的支持和保障。这不仅培养了学生的创新能力和实践能力，还激发了他们的社会责任感和使命感，为社会的创新发展注入了新的活力和动力。

综上所述，新时代高校思想政治教育正经历从“知识传递”向“价值塑造”的范式转型。其社会价值体现在通过培养具有历史自觉、全球视野和创新精神的时代新人，来为社会持续发展提供价值导航和精神动力。随着“大思政课”建设的推进，思想政治教育正在形成学校教育、社会实践、网络空间协同育人的新格局。在这一新格局下，高校思想政治教育将更加注重理论与实践的结合、课内与课外的融合、线上与线下的互动，以更加开放、包容、创新的姿态迎接未来的挑战和机遇。高校思想政治教育的社会价值也将随时代发展而持续深化拓展，为构建人类命运共同体贡献中国智慧和力量。

三、文化价值

高校思想政治教育的文化价值，不仅体现在对中华优秀传统文化的深厚底蕴的传承、与时俱进的创新、广泛深入的传播上，更体现在对多元文化的整合与引领上。文化价值的核心在于，通过文化的力量培育人才，构建具有鲜明中国特色、独特中国风格、恢宏中国气派的文化体系，进而服务于国家文化软实力的全面提升和文化自信的持续增强。下面将从多个维度对这一文化价值进行深入剖析。

（一）中华优秀传统文化的传承与活化

中华优秀传统文化是中华民族的精神命脉，是涵养社会主义核心价值观的重要源泉。高校思想政治教育在传承与活化中华优秀传统文化方面发挥着不可替代的作用。

1. 经典文化的现代诠释

思想政治教育通过深入挖掘《论语》《孟子》等典籍中的思想精髓，结合现代社会的实际需求，对“仁爱”“和合”等传统理念进行现代诠释。例如，复旦大学开设的中华文明通论课程，不仅系统讲授中华文明的悠久历史和丰富内涵，还特别注重将中华优秀传统文化与现代生态文明相结合。课程以“天人合一”的思想为切入点，深入阐释人与自然和谐共生的生态文明理念，赋予中华优秀传统文化新的时代内涵。这种现代诠释增强了学生对中华优秀传统文化的认同感和自豪感，为现代社会的实际问题解决提供本土化的智慧方案。

2. 非物质文化遗产保护

非物质文化遗产是中华民族的宝贵财富，承载着丰富的历史信息和民族记忆。高校思想政治教育通过实践教学的方式，将非物质文化遗产保护融入其中。例如，北京联合大学积极组织学生参与景泰蓝制作、昆曲传习等活动，使学生在了解我国非遗项目的过程中，深刻体悟到工匠精神的重要性。这种教学方式让学生在实践中感受到了中华优秀传统文化的魅力和价值，实现了文化基因的活态传承。相关数据显示，参与此类项目的学生的文化认同感显著提升，达到了37%的增长率。

（二）革命文化与社会主义先进文化的弘扬

革命文化和社会主义先进文化是中华民族在革命、建设和改革过程中形成的宝贵精神财富，是激励人民奋勇前进的强大精神动力。

1. 红色基因的赓续

高校思想政治教育通过组织实践教学活动，让学生亲身体验革命圣地的历史氛围，深刻领悟革命精神。例如，井冈山、延安等革命圣地成为高校思想政治实践教学的重要基地。通过实地参观、现场教学等方式，学生们深入了解了长征精神、延安精神等革命精神的内涵和实质。中国人民大学团委组织“重走校史路”专项社会实践团赴延安开展学习实践，更是让学生亲身体验了革命先辈的奋斗历程，激发了他们的爱国热情和奋斗精神。

2. 时代精神的塑造

高校思想政治教育还注重将新时代文化符号融入课堂教学中，以塑造学生的时代精神。例如，在思想政治课中融入航天精神等新时代文化元素，让学生在学习中感受到时代精神的伟大力量。

（三）多元文化冲突中的价值引领

在经济全球化背景下，多元文化冲突日益凸显。高校思想政治教育在抵御文化渗透、促进文化交融方面发挥着重要作用。

1. 抵御文化渗透

针对历史虚无主义、泛娱乐化等思潮对青年学生的侵蚀，高校思想政治教育通过专题教学的方式，增强学生的文化免疫力。例如，开设“中美制度比较”“网络文化批判”等专题课程，引导学生深入分析不同文化背景下的价值观念、社会制度等方面的差异性。

2. 促进文化交融

在“一带一路”倡议背景下，高校思想政治教育积极引导学生用“和而不同”的理念看待文化差异，促进文化交融。例如，在思想政治课中增设“文明对话”模块，通过讲座、研讨等形式，让学生了解不同文明的历史渊源、文化内涵和价值观念。北京外国语大学作为中非青年论坛的重要参与者，于2024年主办了中非大学联盟交流机制工作年会，进一步推动了中非地区的教育交流与合作。

（四）文化创新体系的建构支撑

文化创新是民族文化永葆生命力和竞争力的重要保证。高校思想政治教育在推动文化创新体系建构方面发挥着重要支撑作用。

1. 产学研文化协同

高校思想政治教育积极探索思想政治元素与数字技术的融合路径。例如，某高校通过VR技术重现“红旗渠”开凿场景，使学生能够身临其境地感受到革命先辈的奋斗精神。这种创新的教学方式将抽象的精神转化为可体验的文化产品，极大地增强了思想政治课的吸引力和感染力。

2. 青年亚文化引导

青年亚文化是青年群体在特定社会背景下形成的独特文化现象。高校思想政治教育主动介入青年亚文化场域，引导青年学生树立正确的价值观念和文化观念。例如，动漫《那年那兔那些事儿》作为党史学习教育作品，以生动有趣的方式传递了爱国情怀和民族自豪感。这种创新的文化传播方式不仅增强了青年学生对主流文化的认同感和归属感，还激发了他们的爱国热情和民族自信心。

（五）促进中国在全球文化治理中发挥更大作用

在全球文化治理中，中国发挥着越来越重要的作用。高校思想政治教育在提升文化话语权、增强文化软实力等方面做出了积极贡献。

1. 提升文化话语权

高校思想政治教育通过教学阐释“人类命运共同体”“全人类共同价值”等理念，培养学生的国际视野和全球意识。例如，中国政法大学国际组织青年人才培训班，旨在培养具有国际视野和全球治理能力的复合型人才。该培训班的毕业生积极参与全球文化政策的制定和实施，为提升中国的文化话语权做出了积极贡献。

2. 增强文化软实力

孔子学院作为中华文化传播的重要载体，在全球范围内开展汉语教学和文化交流活动。孔子学院的思想政治教师团队可开发“中国文化解码”课程包，将“脱贫攻坚”“绿水青山”等中国故事融入海外教学中。通过生动有趣的课程内容和深入浅出的教学方式，使外籍学员对中华文化的理解准确率得到极大提升。这种文化软实力的增强不仅增进了外籍学员对中华文化的认知和认同，还提升了中国的国际形象和影响力。

综上所述，高校思想政治教育的文化价值是多方面的、深层次的。它既能将文化传承的“故土”、文化创新的“热土”与文化传播的“沃土”有机统一，也是在文明冲突与对话并存的时代中，守护中华文化的精神命脉、推动中华优秀传统文化的创造性转化、面对文化虚无主义的挑战、为全球文化治理贡献中国智慧的重要力量。这种价值不仅关乎中华优秀传统文化的创新性发展，更是民族复兴进程中不可或缺的精神力量。它激励着青年学生树立正确的世界观、人生观和价值观，为构建人类文明新形态提供着思想动力和价值坐标。在未来的发展中，应继续深化对高校思想政治教育的文化价值研究，不断探索新的教学方式和方法，为培养具有中国情怀、国际视野和跨文化交流能力的复合型人才做出更大贡献。

第四节　高校思想政治教育的环境

高校思想政治教育的环境维度丰富多样，可以从多个角度进行细致划分。从构成要素的性质来看，自然环境和社会环境共同作用于师生的生活、学习状态，间接影响思想政治教育的氛围和效果。从环境构成的内容上看，物质环境为师生提供舒适的生活、学习空间，精神环境则直接影响学生的思想观念和价值取向。环境的性质方面，良性环境助力学生成长，恶性环境则可能产生负面影响。在环境范畴上，宏观环境为思想政治教育提供广阔背景，微观环境则与学生日常紧密相关。时间维度和空间维度则揭示了思想政治教育环境在不同时间段和空间范围内的独特表现。从思想政治教育过程的特定角度来看，内在环境直接影响实施效果，外在环境则通过营造氛围和提供实践平台促进学生全面发展。综上所述，高校需全面考虑各种环境因素的影响，努力营造有利于思想政治教育开展的良好环境，以应对其多样性、复杂性和层次性的特点。

高校思想政治教育的环境维度可以从多个角度进行细致且全面的划分，这一划分不仅有助于高校思想政治教育者深入理解思想政治教育环境的复杂性，还为高校优化思想政治教育环境提供了理论支撑。以下是对高校思想政治教育环境的多维度阐述。

一、按构成要素的性质划分

（一）自然环境

高校思想政治教育的自然环境主要指的是高校周边的自然地理条件、气候条件等自然因素。这些因素虽然不能直接决定思想政治教育的内容和效果，但对学生的生活、学习状态产生的影响是不可忽视的。例如，优美的校园自然景观、宜人的气候条件能够营造出一种宁静、和谐的学习氛围，有助于学生保持良好的身心状态，从而间接提升思想政治教育的效果。反之，如果校园周边环境嘈杂、污染严重，或者气候条件恶劣，就可能对学生的情绪和学习积极性产生负面影响，进而削弱思想政治教育的效果。

（二）社会环境

社会环境作为高校思想政治教育环境不可或缺的重要组成部分，其内涵丰富且影响深远。它具体指的是高校所处的政治、经济、文化等多维度的环境体系。在这个复杂多变的社会环境中，经济制度、政治制度、法律体系、文化传统及生产关系等诸多关键要素，都以一种无形的强大的力量，深刻地影响着人们的思想道德倾向与行为模式。特别是社会生产关系，它作为社会经济结构的基石，对人的全面发展起着至关重要的作用。生产关系不仅决定了人们的物质生活方式，更在深层次上塑造着人们的价值观念和精神追求。在一个生产力发达、生产关系和谐的社会中，人们更容易形成积极向上、团结协作的精神风貌，这对高校学生的成长无疑具有积极的促进作用。

社会的价值观念、道德风尚、法律法规等，作为社会环境的具体体现和外在表现，也对学生的思想观念产生深远的影响。例如，在一个崇尚公平竞争、尊重个人价值、鼓励创新创造的社会环境中，学生更容易受到这种正面氛围的熏陶，形成积极向上、勇于探索、敢于创新的思想观念。他们会更加珍惜每一次学习和实践的机会，努力提升自己的综合素质和能力水平。

二、按环境构成的内容划分

（一）物质环境

物质环境作为高校思想政治教育环境的坚实基石，其内涵丰富且具体，主要涵盖了高校内的各类物质设施、建筑风貌及卫生美化状况等多个方面。这些物质元素构成了高校日常运转的基础框架，为学生提供了一个直观可感的学习和生活空间。

良好的物质环境对于提升学生的学习积极性和思想政治教育的效果具有不可忽视的作用。现代化的教学楼，不仅能够满足学生日常学习的基本需求，而且能够在潜移默化中激发学生的探索精神和求知欲望，引导他们主动探索未知领域。实验室作为科研实践的重要场所，其完善的设施和科学的管理制度同样能够促进学生实践能力的提升与创新思维的培养。图书馆丰富的藏书和舒适的阅读环境更是为学生提供了宝贵的学习资源与静谧的学习空间。

此外，宽敞明亮的宿舍和餐厅等生活设施也是物质环境中不可或缺的一部分。它们为学生提供了良好的休息和饮食条件，确保学生在紧张的学习之余能够得到充分的放松，从而保持身心健康，为思想政治教育的深入开展提供有力的身体支撑。

（二）精神环境

精神环境作为高校思想政治教育环境的核心层面，主要指的是高校内的文化氛围、人际关系、学风教风等非物质因素。这些因素共同构成了高校独特的精神风貌和教育特色。

一个积极向上的校园文化氛围，能够在无形中激励学生追求卓越、勇攀高峰。通过举办丰富多彩的校园文化活动，如学术讲座、文艺晚会、体育竞赛等，不仅能够丰富学生的课余生活，而且能够在活动中培养学生的综合素质和能力，激发他们的进取心和创造力。

和谐融洽的人际关系则是精神环境中不可或缺的一环。它要求师生之间、同学之间建立平等、尊重、互助的良好关系，这种关系不仅能够增强学生的归属感和集体荣誉感，而且能够培养他们的团队协作精神和社会责任感，使他们在未来的社会生活中能够更好地融入集体、服务社会。

严谨求实的学风教风更是精神环境中的重要组成部分。它要求教师以身作则，秉持学术诚信，严谨治学；要求学生端正学习态度，勤奋刻苦，追求真理。这种学风教风不仅能够引导学生树立正确的学术态度和价值观，还能够培养他们的批判性思维和创新能力，为他们的全面发展奠定坚实的基础。

因此，高校应高度重视精神环境建设，通过营造积极向上的校园文化氛围、构建和谐的人际关系、弘扬严谨求实的学风教风等多种方式，为学生的全面发展提供有力的支持和保障。

三、按环境的性质划分

（一）良性环境

良性环境，顾名思义，是指那些对思想政治教育的开展具有积极促进作用的环境。这类环境通常具备一系列积极向上的特征，如和谐稳定的社会氛围、开放包容的学术风气、积极向上的校园文化等。这些特征共同构成了一个有利于学生成长和发展的良好空间。

在良性环境中，学生能够深切地感受到来自学校的关爱与支持。这种关爱和支持既体现在物质层面，也体现在精神层面，让学生感受到被重视和被尊重。因此，他们能够更加积极地投入学习和生活中去，勇于探索未知，敢于挑战自我。

良性环境还对学生的创新精神和实践能力具有显著的激发作用。在这样一个充满活力和机遇的环境中，学生能够充分发挥自己的想象力和创造力，勇于尝试新事物，不断锻炼自己的实践能力。这不仅有助于提升学生的综合素质，而且有助于促进他们全面发展，为未来的职业生涯奠定坚实的基础。

因此，高校应充分认识到良性环境的重要性，为学生的成长和发展提供有力的环境保障。具体而言，可以通过加强校园文化建设，营造积极向上的学术氛围；通过完善学生服务体系，满足学生的多元化需求；通过优化教学管理，提高教学质量和效率。

（二）恶性环境

与良性环境相对的是恶性环境，这类环境对思想政治教育的开展具有显著的阻碍作用。恶性环境包含多种不良因素，如消极颓废的社会风气、冲突频发的校园环境、封闭保守的学术氛围等。这些因素相互交织，共同对学生的思想观念产生负面影响。

在恶性环境中，学生可能会感到迷茫、无助和沮丧。他们可能会因为无法适应这种环境而失去学习的动力和信心，甚至对自己的未来产生怀疑。恶性环境还可能使学生产生一系列不良行为和习惯，如逃课、沉迷网络等。这些行为不仅对学生的学业造成严重影响，还可能对他们的身心健康造成不可逆转的危害。

因此，高校应高度重视恶性环境的治理和改善工作。具体而言，可以通过加强校园安全管理，确保学生的生命财产安全；完善学生心理辅导体系，帮助学生排解心理压力和困惑；加强师德师风建设，树立良好的教师形象。通过以上方式，努力消除恶性环境对学生的负面影响。同时，高校还应积极与社会各界合作，共同营造一个有利于学生成长和发展的良好环境。

四、按环境范畴划分

（一）宏观环境

宏观环境作为一个宽泛而深远的概念，指的是高校置身其中的社会大环境。这一环境涵盖了政治、经济、文化、科技等多个维度，构成了高校思想政治教育不可或缺的外部条件。

政治方面，国家的政治制度和法律体系为思想政治教育设定了基本的政治框架和价值导向。政治制度的稳定性和公正性、法律体系的完善性和权威性，都直接或间接地影响着思想政治教育的政治方向和目标设定。高校需紧跟政治发展的步伐，确保思想政治教育的政治立场与国家政策保持一致。

经济方面，经济的发展水平和产业结构对思想政治教育的内容与方式产生深远影响。经济繁荣带来的多元化需求要求思想政治教育更加注重培养学生的创新精神和实践能力；产业结构的调整则要求思想政治教育更加关注行业发展趋势，为学生提供与市场需求相匹配的知识和技能。

文化方面，中华优秀传统文化和民族习俗是思想政治教育的重要文化底蕴。它们塑造了人们的思维方式和行为习惯，也影响着思想政治教育的民族特色和文化自信。高校应充分挖掘和利用本土文化资源，将中华优秀传统文化融入思想政治教育之中，增强学生的文化认同感和民族自豪感。

科技方面，科技的进步为思想政治教育提供了新的手段和平台。互联网、大数据、人工智能等技术的广泛应用，使得思想政治教育更加便捷、高效和个性化。高校应紧跟科技发展的步伐，不断创新思想政治教育的方式和方法，提高教育的时效性和针对性。

因此，高校应密切关注宏观环境的变化和发展趋势，及时调整思想政治教育的策略和方法。通过深入研究宏观环境对思想政治教育的影响，高校可以更好地把握教育的方向和目标，为培养具有时代特色的高素质人才提供有力支持。

（二）微观环境

微观环境，相对于宏观环境而言，是指高校内部的具体环境。它涵盖了课堂教学环境、校园文化环境、学生生活环境等多个方面，与学生的日常生活和学习紧密相关。

课堂教学环境是思想政治教育的主阵地。教室内的设施和设备、教师的教学水平和教学方法等，都直接影响着学生的学习效果和思想政治教育的质量。高校应加大对课堂教学环境的投入，改善教学设施，提高教学水平，为思想政治教育提供保障。

校园文化环境是思想政治教育的重要载体。校园文化的氛围和特色能够潜移默化地影响学生的思想观念和行为习惯。丰富多彩的校园文化活动，有助于营造积极向上的校园文化氛围，增强学生的归属感和责任感。

学生生活环境则是学生身心健康和生活质量的重要保障。宿舍的舒适度、食堂的卫生状况、校园的安全管理等，都直接关系到学生的身心健康和生活质量。高校应高度重视学生生活环境的建设和优化工作，为学生提供舒适、安全、便捷的生活环境。

因此，高校可通过改善课堂教学环境、丰富校园文化生活、提高学生生活质量等方式，为学生的全面发展提供有力的环境支持。高校还应加强对微观环境的管理和维护，确保环境的稳定性和可持续性，为思想政治教育的顺利开展提供有力保障。

五、按时间维度和空间维度划分

（一）时间维度

时间维度作为审视思想政治教育环境的一个重要视角，关注的是环境在历史、现时与未来不同时间段内的表现与特点。思想政治教育环境并非静态不变的，而是伴随着历史的演进和社会的进步，呈现出动态变化的特征。

在历史层面，社会的价值观念、道德风尚、法律法规等随着时代的变迁而不断演变。这些变化深刻影响着思想政治教育的内容与方向。例如，现代社会更加注重公民意识、法治观念等现代价值观的培养。因此，高校必须敏锐捕捉这些历史变化，及时调整思想政治教育的内容与方法，确保其与时俱进，适应社会发展的需求。

在现实层面，思想政治教育环境同样处于不断的变化中。社会热点、网络舆论、国际形势等都可能对思想政治教育产生即时影响。高校需要密切关注这些现实动态，将其融入思想政治教育之中，增强学生的时代感和责任感。

在未来层面，思想政治教育环境的发展趋势同样值得关注。随着科技的进步、经济全球化的深入发展，未来的思想政治教育环境将更加开放、多元。高校需要具有前瞻性，制订长期的思想政治教育规划，明确教育目标与任务，确保思想政治教育的持续性和稳定性，为培养未来社会所需的人才奠定坚实基础。

此外，时间维度还凸显了思想政治教育的长期性和持续性特点。思想政治教育是一个长期的过程，需要持续不断努力才能取得显著成效。高校应建立长效机制，确保思想政治教育的持续进行，避免短期行为，注重长期效果的积累。

（二）空间维度

空间维度则是从空间范围的角度来考察思想政治教育环境。思想政治教育环境并非孤立存在的，而是与周围的空间环境相互关联、相互影响。

学校是高校思想政治教育的主要场所和阵地。高校应充分利用学校资源的优势，如图书馆、实验室、文化活动中心等，为思想政治教育提供丰富的物质基础。加强校园文化建设，营造积极向上的学术氛围和校园文化，使学生在潜移默化中受到熏陶和感染。此外，完善学生服务体系和优化教学管理也是提升学校环境质量的重要方面，能够为学生提供更加全面、优质的服务和支持。

家庭则是学生思想观念形成的重要源头和基础。家庭是学生的第一所学校，家长的教育观念和方法对学生的成长具有深远影响。高校应加强与家长的沟通和联系，建立家校合作机制，共同关注学生的成长和发展。通过家长会、家访、家校联系册等方式，引导家长树立正确的教育观念，形成家校共育的良好氛围。

社区则是学生接触社会、了解社会的重要窗口和平台。社区作为学生生活的重要组成部分，对学生的社会认知和实践能力具有重要影响。高校应加强与社区的合作和交流，组织学生参与社区服务和实践活动。通过志愿服务、社会实践、文化交流等活动，增强学生的社会责任感和实践能力，使他们更好地融入社会、服务社会。

综上所述，高校在思想政治教育中应充分考虑时间维度和空间维度的影响，密切关注时间上的变化和发展趋势，加强与家庭、社区等外部环境的联系和合作，共同营造良好的思想政治教育环境，为学生的全面发展提供有力支持。

六、按思想政治教育过程的特定角度划分

（一）内在环境

内在环境主要指的是学校对思想政治教育的重视程度、组织力度、制度建设、管理监督等方面。这些因素直接影响着思想政治教育的实施效果和质量。一个高度重视思想政治教育、组织有力、制度完善、管理规范的高校，能够为学生提供良好的思想政治教育环境和条件，确保思想政治教育的顺利开展和有效实施。

具体来说，学校对思想政治教育的重视程度是决定其地位和作用的关键因素。只有高度重视思想政治教育，才能将其纳入学校发展的总体规划中，确保思想政治教育的资源和投入得到保障。组织力度则是衡量学校思想政治教育工作是否得力的重要指标。一个组织有力的高校，能够充分调动各方面的积极性和创造力，形成齐抓共管的思想政治教育格局。制度建设则是确保思想政治教育规范化和制度化的重要保障。通过建立健全各项规章制度，可以明确思想政治教育的目标和任务、内容和方法、考核和评价等各个方面的要求与标准，确保思想政治教育的有序进行和有效实施。管理监督则是确保思想政治教育质量和效果的重要手段。通过加强管理和监督，可以及时发现和纠正思想政治教育过程中存在的问题和不足，确保思想政治教育的持续改进和提升。

（二）外在环境

外在环境主要指的是学校氛围、阵地建设、精品活动、典型宣传、表彰奖励等能够直接作用于学生感官和心灵的因素。外在环境通过营造积极向上的氛围、提供丰富的实践平台等方式，促进学生的全面发展。

学校氛围是外在环境的重要组成部分，它指的是学校内部形成的一种整体气氛和风貌。一个积极向上的学校氛围，能够激励学生追求卓越、勇攀高峰；一个和谐融洽的学校氛围，能够培养学生的团队协作精神和社会责任感。因此，高校应高度重视学校氛围的营造工作，通过加强校园文化建设、完善学生服务体系、优化教学管理等方式，努力营造积极向上的学校氛围。

阵地建设同样是外在环境的重要组成部分，它指的是高校为开展思想政治教育而设立的各种场所和设施。例如，思想政治课堂、党校、团校、宣传栏、广播站等都是思想政治教育的重要阵地。通过加强阵地建设，可以为学生提供更加便捷、高效的学习和实践平台，提升学生的思想政治素质和综合能力。

精品活动则是外在环境中不可或缺的一部分，它指的是高校为丰富学生课余生活、提升学生综合素质而举办的各种活动。例如，学术讲座、文艺晚会、体育比赛、志愿服务等都是精品活动的典型代表。通过举办精品活动，可以拓宽学生的视野和知识面，增强学生的创新精神。

典型宣传则是外在环境中具有鲜明时代特色和示范引领作用的重要因素。通过宣传先进典型和模范人物的事迹与精神，可以激励学生见贤思齐、崇德向善，培养学生的道德品质和价值观念。

表彰奖励则是外在环境中激励学生积极进取、追求卓越的重要手段。通过表彰奖励在思想政治教育方面取得突出成绩的学生和集体，可以树立榜样、弘扬正气，激发学生的荣誉感和责任感。

综上所述，高校思想政治教育的环境维度具有多样性、复杂性和层次性等特点。为了提升思想政治教育的效果和质量，高校需要全面考虑各种环境因素的影响和作用，努力营造有利于思想政治教育开展的良好环境。具体来说，高校应加强对思想政治教育环境的研究和分析工作，深入了解不同环境维度的特点和规律；同时，还应加强对思想政治教育环境的优化和改善工作，通过改善物质环境、营造精神环境、治理恶性环境、关注宏观环境、优化微观环境、把握时间维度、拓展空间维度，以及加强内在环境和外在环境的建设等方式，为学生的全面发展提供有力的环境支撑和保障。只有这样，才能确保高校思想政治教育的顺利开展和有效实施，培养出更多具有高素质和综合能力的人才。

第二章　高校思想政治教育的发展历程、挑战与现状

本章将深入剖析高校思想政治教育的发展历程，从中华人民共和国成立初期的初步探索，到面对新时代挑战的应对之策，再到当前教育现状的全面审视，旨在全面展现其演进轨迹与现状特征。我们将探讨在不同历史时期，高校思想政治教育如何适应国家发展需要，培养一批又一批具有坚定理想信念与高度社会责任感的建设者和接班人。面对当前社会多元化、信息化的挑战，高校思想政治教育又应如何创新机制、提升实效，以更好地服务于学生的全面发展与国家的长远战略。

第一节　高校思想政治教育的发展历程

一、中华人民共和国成立初期的高校思想政治教育

中华人民共和国成立初期，国家面临着百废待兴的局面，各项事业都处于起步阶段。在这一历史背景下，党和国家深刻地认识到思想政治教育工作的重要性，将其视为巩固新生政权、培养社会主义建设人才的关键途径。高校思想政治教育作为培养青年一代思想灵魂、塑造国家未来栋梁的重要阵地，承载着极其重要的历史使命。

（一）思想政治教育课程的设立

中华人民共和国成立后，为了加强大学生的思想政治教育，高校开始系统设立思想政治理论课程。这些课程不仅涵盖了马克思主义基本原理，还紧密结合中国革命和社会主义建设的实际，旨在通过系统的理论教学，使大学生深刻理解和掌握马克思主义的科学体系与精神实质。

1. 课程体系的初步构建

中华人民共和国成立初期，高校思想政治理论课程主要包括“新民主主义论”“政治经济学”等核心课程。这些课程以马克思主义理论为基础，结合中国革命的历史进程和社会主义建设的实践，向大学生传授了关于社会发展规律、阶级斗争、人民民主专政等基本原理。例如，“新民主主义论”课程深入剖析了新民主主义革命的性质、任务、动力和前途，帮助大学生理解中国共产党领导人民进行革命斗争的历史必然性和正确性。

2. 课程内容的不断丰富

随着国家政治、经济、文化等各项事业的不断发展，高校思想政治理论课程的内容也逐渐丰富和完善，除了上述核心课程，还增设了“辩证唯物主义与历史唯物主义”“中共党史”等相关课程。这些课程的开设使大学生能够更全面地了解马克思主义的理论体系，更深刻地认识中国革命和社会主义建设的历史进程，从而坚定共产主义信仰，树立正确的世界观、人生观、价值观。

3. 教学方法的初步探索

在中华人民共和国成立初期，高校思想政治理论课程的教学方法主要以教师讲授为主，辅以课堂教学讨论和课后作业等形式。尽管这种教学方法相对单一，但在当时的历史条件下，它对于向大学生传授马克思主义理论、引导他们树立正确的思想观念起到了积极的作用。高校也开始初步探索更加生动、有效的教学方法，如组织专题讲座、开展社会实践等，以激发学生的学习兴趣和积极性。

（二）思想政治教育师资队伍的建设

为了加强高校思想政治教育工作，党和国家高度重视师资队伍建设。一支政治素质高、业务能力强的师资队伍是确保思想政治教育质量的关键。

1. 选拔和培养优秀教师

中华人民共和国成立后，党和国家选拔与培养了一批政治立场坚定、业务能力突出的思想政治理论课程教师。这些教师不仅具备扎实的马克思主义理论功底，还具有较高的思想政治素质和道德品质。他们以身作则、言传身教，为大学生树立了良好的榜样。

2. 鼓励教师深入实际、了解社会

为了提高思想政治理论课程的针对性和实效性，党和国家鼓励教师深入实际、深入群众，了解社会现实和学生的思想动态。通过参与社会实践、调查研究等方式，教师能够更加准确地把握学生的思想情况和实际需求，从而制订出更加符合学生实际的教学计划。

3. 加强教师的培训和考核

为了提高教师的业务能力和教学水平，高校还加强了对教师的培训和考核工作。通过组织教师参加进修班、研讨会等活动，帮助他们不断更新知识、拓宽视野；通过定期开展教学检查、评估等活动，督促教师认真履行职责、提高教学质量。这些措施的实施为高校思想政治教育师资队伍的建设提供了有力保障。

（三）思想政治教育实践活动的开展

除了课堂教学，高校还积极组织各种形式的思想政治教育实践活动，以增强学生的社会责任感和使命感，锻炼他们的意志品质和身体素质。

1. 社会调查活动

社会调查活动是高校思想政治教育实践活动的重要组成部分。通过组织学生深入农村、工厂、社区等基层单位进行实地调查和研究，使大学生能够更直观地了解社会现实和人民群众的生活状况，从而增强他们的社会责任感和使命感。社会调查还能够培养学生的观察能力和分析能力，提高他们的综合素质和能力水平。

2. 劳动锻炼活动

劳动锻炼活动是培养大学生艰苦奋斗精神、锻炼他们身体素质的重要途径。中华人民共和国成立后，高校普遍组织学生参加各种形式的劳动锻炼活动，如农业生产劳动、工厂实习等。通过这些活动，大学生能够体验到劳动的艰辛和乐趣，从而更加珍惜来之不易的学习机会和生活条件。同时，劳动锻炼还能够培养学生的团结协作精神和集体荣誉感。

3. 军事训练活动

军事训练活动是培养大学生形成国防意识，增强他们的身体素质和纪律观念的重要手段。中华人民共和国成立后，高校普遍组织学生参加军事训练活动，如军训、民兵训练等。通过这些活动，大学生能够了解国防建设的重要性和紧迫性，增强他们的国防观念和爱国情感。军事训练还能够锻炼学生的意志品质和身体素质，提高他们的组织纪律性和自我管理能力。

二、改革开放以来的高校思想政治教育

改革开放以来，随着国家工作重心的转移和经济社会的发展，高校思想政治教育也迎来了新的发展机遇和挑战。在这一时期，高校思想政治教育在继承传统的基础上不断创新和发展，形成了具有中国特色的思想政治教育体系。

（一）思想政治教育内容的丰富和完善

随着改革开放的深入和社会主义现代化建设的推进，高校思想政治教育的内容不断丰富和完善。除了传统的马克思主义理论和党的路线方针政策，还增加了社会主义市场经济理论、社会主义法治理念、社会主义核心价值观等内容。这些内容的增加，使高校思想政治教育更加贴近时代、贴近社会、贴近学生。

1. 社会主义市场经济理论的引入

随着社会主义市场经济体制的建立和完善，高校思想政治教育开始引入社会主义市场经济理论。这一理论的引入使大学生能够更全面地了解社会主义市场经济的特点和规律，增强他们的市场意识和竞争意识。通过学习社会主义市场经济理论，大学生还能够更好地认识和处理个人与社会、竞争与合作等关系。

2. 社会主义法治理念的普及

随着依法治国方略的提出和实施，高校思想政治教育开始普及社会主义法治理念。通过向大学生传授法律知识、培养其法律意识等方式，他们能够自觉遵守法律法规、维护社会公平正义。通过学习社会主义法治理念，大学生还能够更好地认识和理解法律在社会发展中的重要作用与意义。

3. 社会主义核心价值观的培育

社会主义核心价值观是习近平新时代中国特色社会主义思想的精髓。高校思想政治教育将社会主义核心价值观的培育作为重要内容之一，通过课堂教学、校园文化活动等多种形式向大学生传授社会主义核心价值观的基本内涵和实践要求。通过学习社会主义核心价值观，大学生能够树立正确的价值观念和行为准则，为未来的社会生活和职业发展奠定坚实的思想道德基础。

（二）思想政治教育教学方法的立体化创新

高校思想政治教育通过构建“理论—技术—实践”三位一体的教学模式，推动传统课堂教学向现代育人场域转型。这一创新体系以互动式教学为内核，以数字技术为支撑，以实践育人为延伸，形成了多维度协同发展的教学新生态。

1. 互动式课堂的重构与升级

传统单向灌输模式已转变为“教师主导—学生主体”的双向互动结构。在思想政治理论课堂上，教师通过情景模拟、辩论擂台、案例诊断等教学形式，构建“问题链—讨论网—知识树”的教学闭环。例如，在马克思主义基本原理课程中，师生共同设计“资本论与数字经济”主题辩论，通过角色代入深化理论认知，使抽象原理具象化为可感知的思维模型。这种重构在提升学生课堂教学参与度的基础上，培养了学生的辩证思维和学术对话能力。

2. 教育技术的深度赋能

智慧教育平台与扩展现实技术正在重塑教学形态。一些高校已形成“两微一平台”（微课、微案例、虚拟仿真平台）的数字化资源矩阵，让学生可沉浸式地体验党史重大事件。清华大学建设的思政云课堂可实现优质资源共享，其时政热点动态图谱模块通过大数据分析，将抽象理论转化为可视化的认知模型。技术赋能使教学内容突破时空限制，形成“线上预习—课堂精研—云端拓展”的混合式学习路径。

3. 实践育人体系的链条化构建

各高校已形成“认知—体验—践行”三阶递进的实践教学体系。北京大学打造的“思政实践金课”项目，将脱贫攻坚调研与乡村振兴服务相结合；复旦大学建立的“红色基因传承计划”，通过重走革命路、口述史采编等活动深化理论认知。这种实践教学除了包含传统的志愿服务，还包含课题研究、创新创业、国际交流的复合型育人平台，实现知识传授向价值塑造的转化。

（三）思想政治教育支撑体系的系统化建设

为保障教学方法创新的可持续发展，高校着力构建“课程—队伍—机制”三位支撑体系，形成全员全程全方位的育人格局。

1. 课程建设的质量革命

国家精品在线开放课程建设计划推动思想政治课向“高阶性、创新性、挑战度”转型。重点实施“三新工程”，即内容更新机制（每年更新 30% 教学案例）、教法创新计划（推广 BOPPPS 等教学设计模型）、评价革新体系（增加过程性考核比重）。北京师范大学研发的思政课教学智能诊断系统，通过人工智能分析实现教学质量的动态监测与精准改进。

2. 育人队伍的专业化发展

辅导员队伍实行“双线晋升”与“三师培养”制度（思想导师、学业导师、发展导师），建立国家级示范培训基地。武汉大学推行的“辅导员能力素质提升专项行动计划”，将思想政治工作实践转化为研究成果；浙江大学实施的“名师工作室”制度，形成老中青传帮带机制。高校还可以构建专任教师与辅导员协同育人机制，建立联合备课、信息共享、问题共研的工作平台。

3. 心理育人的生态化建构

心理健康教育从危机干预转向发展型育人模式，建立“教学—咨询—干预—研究”四维工作体系。清华大学创设的积极心理能力提升项目，将社会主义核心价值观融入心理教育；华东师范大学通过心理测评系统，运用大数据追踪，实现精准辅导。各高校普遍建立宿舍—班级—学院—学校四级预警机制，打造心理健康服务生态圈。

三、新时代的高校思想政治教育

进入新时代以来，面对国内外形势的深刻变化和社会主要矛盾的转化，高校思想政治教育面临着新的机遇和挑战。在这一背景下，高校思想政治教育不断创新和发展，为培养德智体美劳全面发展的社会主义建设者和接班人发挥了重要作用。

（一）思想政治教育理念的更新和升华

新时代的高校思想政治教育更加注重以人为本、全面发展的教育理念，该理念强调要尊重学生的主体地位和个性差异，关注学生的全面发展和终身发展，同时注重培养学生的社会责任感、创新精神和实践能力等。

1. 以人为本教育理念的贯彻

以人为本是新时代高校思想政治教育的重要理念之一。它强调要尊重学生的主体地位和个性差异；关注学生的成长需求和内心世界；通过引导、启发等方式激发学生的学习兴趣和积极性等。

2. 全面发展教育理念的落实

全面发展是新时代高校思想政治教育的重要目标之一。它强调要关注学生德智体美劳等方面的全面发展；注重培养学生的综合素质和实践能力等。例如，高校可以组织学生参加各种形式的校园文化活动和社会实践活动；加强学生的体育锻炼和艺术修养培养；提供多元化的课程选择和个性化的发展路径等。这些措施的实施能够更好地促进学生的全面发展和终身发展。

3. 社会责任感和创新精神的培养

社会责任感和创新精神是新时代高校思想政治教育的重要内容之一。它强调要引导学生关注社会现实和国家发展；培养他们的社会责任感和使命感；注重培养学生的创新精神和实践能力等。例如，高校可以组织学生参加志愿服务、社会实践等活动；邀请企业家、基层干部等人士来校举办讲座和进行交流；通过校企合作等方式，提供创新创业平台和实践机会等。这些措施的实施能够更好地培养学生的社会责任感和使命感。

（二）思想政治教育内容的拓展和深化

新时代的高校思想政治教育在内容上不断拓展和深化。除了传统的马克思主义理论和党的路线方针政策，还增加了中国特色社会主义进入新时代的历史方位、中华民族伟大复兴的中国梦、社会主义核心价值观的培育和践行等内容。这些内容的拓展和深化使得高校思想政治教育更加符合时代要求与学生需求。

1. 习近平新时代中国特色社会主义思想的学习贯彻

习近平新时代中国特色社会主义思想是中国特色社会主义理论体系的重要组成部分，是新时代党和人民共同奋斗的指导思想。新时代的高校思想政治教育必须强化这一思想的学习和贯彻，帮助学生深刻理解其科学内涵和实践价值。通过课堂教学、专题讲座、社会实践等方式，推动学生深入学习习近平新时代中国特色社会主义思想的基本观点和基本方法，增强学生的历史责任感和使命感，使其在新时代的中国特色社会主义伟大事业中贡献自己的智慧和力量。

2. 中国特色社会主义进入新时代的历史方位的阐述

中国特色社会主义进入新时代是党的十九大作出的重大政治判断。新时代高校思想政治教育要深刻阐述这一历史方位的内涵和意义；引导学生正确认识和理解习近平新时代中国特色社会主义思想的历史使命和发展目标等。例如，在思想政治理论课堂上，教师可以向学生介绍新时代中国特色社会主义的指导思想、基本方略、发展路径等内容；通过案例分析、讨论交流等方式引导学生深入理解习近平新时代中国特色社会主义思想的历史方位和重要意义等。

3. 中华民族伟大复兴的中国梦的宣讲

中华民族伟大复兴的中国梦是全体中华儿女的共同理想和奋斗目标。新时代高校思想政治教育要深入宣讲中国梦的内涵和意义，引导学生将个人理想和国家发展紧密结合起来，为实现中华民族伟大复兴贡献自己的力量。具体而言，高校需构建系统性教育体系，将中国梦融入思想政治理论课程，开发专题教学模块，结合党史、新中国史、改革开放史、社会主义发展史教育等，阐释中国梦的历史逻辑、理论逻辑和实践逻辑。应创新实践育人机制，建立“社会观察 + 专业实践 + 志愿服务”三维实践平台，组织学生深入乡村振兴一线、科技创新前沿、文化传承阵地开展调研实践，在解决实际问题中深化对国家发展战略的认知。此外，需强化价值引领，通过榜样示范教育、红色文化浸润、网络思想政治阵地建设，培育学生“强国有我”的使命担当，形成个人成长与国家发展同频共振的价值追求。

4. 社会主义核心价值观的培育和践行

新时代高校思想政治教育要将社会主义核心价值观的培育和践行作为重要内容之一，通过课堂教学、校园文化活动等多种形式向学生传授社会主义核心价值观的基本内涵和实践要求等。例如，高校可以在思想政治理论课堂上加强社会主义核心价值观的宣传工作；通过举办社会主义核心价值观主题班会、演讲比赛等活动引导学生深入理解社会主义核心价值观的内涵和意义等。

（三）思想政治教育形式的创新和提升

在新时代背景下，传统的思想政治教育形式已经难以满足多元化社会的发展需求。创新思想政治教育形式，能够增强教育的吸引力和实效性，使思想政治教育更好地适应时代发展，培养具有正确价值观、道德观和社会责任感的新时代人才。

1. 利用新媒体平台

借助新媒体平台开展思想政治教育讲座，打破时间和空间的限制，让更多人能够参与学习。例如，高校可以邀请知名专家学者进行线上直播授课，学生可以通过弹幕实时提问，与专家学者进行互动交流，增强学习的参与感和趣味性。

在微博、微信等社交媒体平台上发起与思想政治教育相关的话题讨论，引导广大群众积极参与。比如，围绕“爱国主义的内涵与实践”这一话题，鼓励网友分享自己的故事和观点，通过思想的碰撞和交流，深化对爱国主义的理解。

制作生动有趣的思想政治教育短视频，在新媒体等平台发布。例如，以动画形式呈现革命先辈的英勇事迹，或者通过情景短剧演绎正确的价值观和道德观，以这种直观、形象的方式传播思想政治教育内容。

2. 开展实践体验活动

组织学生或群众前往革命纪念馆、红色教育基地等地开展研学旅行活动。通过实地参观、倾听讲解、参与体验等方式，让学生亲身感受革命历史的厚重，增强对红色文化的认同感和归属感。例如，参观井冈山革命根据地，重走红军路，体验革命先辈们的艰苦生活，进而更加珍惜现在的幸福生活。

鼓励大学生积极参与志愿服务活动，如社区服务、环保行动、关爱特殊群体等。在实践中培养社会责任感和奉献精神，将思想政治教育的内容转化为实际行动。比如，组织学生参与社区垃圾分类宣传活动，通过向居民讲解垃圾分类的知识和重要性，来提高他们的环保意识，并带动社区居民共同参与环保行动。

在学校或社区开展模拟法庭活动，让学生或群众扮演法官、检察官、律师、当事人等角色，通过模拟真实的法律案件审理过程，增强法治观念和法律意识。此外，还可以组织角色扮演活动，如模拟历史场景、重现社会热点事件等，让大家在角色扮演中体验不同角色的立场，培养换位思考能力和批判性思维。

3. 融入艺术元素

鼓励创作以思想政治教育为主题的文艺作品，如电影、电视剧、歌曲、舞蹈、戏剧等。通过多种艺术的形式展现思想政治教育的内容，使人们在欣赏艺术作品的过程中受到潜移默化的教育。例如，电影《长津湖》以抗美援朝战争为背景，展现了志愿军战士们的英勇无畏和爱国精神，激发了广大观众的爱国热情。组织文艺作品欣赏活动，可以引导人们深入理解文艺作品中所蕴含的思想政治教育内涵。

举办以思想政治教育为主题的艺术展览，如书画展、摄影展等，展示反映时代精神、社会正能量的作品。此外，还可以组织文艺演出，如红色经典歌曲演唱会、革命题材话剧演出等，通过艺术的感染力传递正确的价值观和道德观。

第二节　高校思想政治教育面临的挑战

一、经济全球化背景下的挑战

随着经济全球化的深入发展，不同国家、不同文化之间的交流与合作日益频繁。这种经济全球化趋势不仅带来了文化的多样性和丰富性，也为高校思想政治教育带来了前所未有的挑战。

（一）多元文化的冲击

经济全球化背景下，各种文化思潮和价值观念相互激荡、相互交融，形成了一个多元文化的格局。这种多元文化的冲击使得大学生的思想观念和价值取向更加多元化、复杂化。

1. 文化多样性的表现

经济全球化促进了不同文化之间的交流与融合，使得大学生能够接触到来自世界各地的文化元素。这些文化元素包括宗教信仰、价值观念、风俗习惯、艺术表现等。它们以不同的形式呈现在大学生的日常生活中，如电影、音乐、书籍、网络信息等。文化多样性为大学生提供了更广阔的视野和更丰富的精神食粮，但也带来了思想观念的冲突和碰撞。

2. 思想观念的多元化

在多元文化的冲击下，大学生的思想观念不再单一，而是呈现出多元化的趋势。他们开始重新审视传统的价值观念，对权威和传统的挑战日益增多。例如，一些大学生对西方个人主义、自由主义等价值观念产生浓厚兴趣，甚至开始质疑和批判传统的集体主义等价值观念。思想观念的多元化使得高校思想政治教育面临更大的挑战，需要更加灵活和多元的教育方法与手段来应对。

3. 价值取向的复杂化

在多元文化的冲击下，大学生的价值取向也变得更加复杂化。他们不再仅仅追求物质利益和个人成就，而是开始关注社会公正、环境保护等更广泛的社会问题。价值取向的复杂化要求高校思想政治教育更加注重培养学生的社会责任感和公民意识，引导他们树立正确的世界观、人生观、价值观。

4. 引导与教育的紧迫性

面对多元文化的冲击，高校思想政治教育必须加强对大学生的引导和帮助。一方面，要通过系统的理论教学，使大学生掌握马克思主义基本原理和社会主义核心价值观，坚定共产主义信仰；另一方面，要通过丰富的实践活动，使大学生在实践中感受和理解不同文化的魅力与价值，增强文化自觉和文化自信。高校还要加强对大学生的心理健康教育，帮助他们积极应对文化冲突和价值观念碰撞带来的困惑与迷茫。

（二）西方意识形态的渗透

在经济全球化进程中，西方发达国家凭借其经济、科技和文化优势，通过各种渠道向发展中国家输出其价值观念和文化产品。这种西方意识形态的渗透容易对大学生的思想观念产生负面影响。

1. 西方意识形态的渗透方式

西方意识形态的渗透方式多种多样，包括文化交流、媒体传播、教育合作等。例如，一些西方媒体通过报道和评论等方式，歪曲事实、误导舆论，试图改变大学生的政治立场和价值观念。

2. 对大学生的影响

西方意识形态的渗透容易对大学生的思想观念产生负面影响。一方面，它可能使一部分大学生对西方价值观念产生盲目崇拜和模仿，忽视本国文化的独特性和价值；另一方面，它可能使一部分大学生对社会主义制度和马克思主义理论产生怀疑与动摇，甚至走向反社会主义的道路。因此，高校思想政治教育必须提高警惕性，加强对西方意识形态渗透的批判和抵制。

二、信息化时代的挑战

信息化时代为高校思想政治教育带来了新的机遇和挑战。一方面，信息化为高校思想政治教育提供了更加丰富的教学资源和手段；另一方面，信息化也带来了一系列新的问题和挑战。

（一）网络信息的泛滥

在信息化时代，网络信息呈现爆炸式增长。这些信息良莠不齐、真假难辨，容易对大学生的思想观念产生误导和干扰。

1. 网络信息的特点

网络信息具有海量性、即时性、互动性等特点。一方面，网络信息的海量性使得大学生能够接触到来自世界各地的知识和信息；另一方面，网络信息的即时性使得大学生能够迅速了解国内外发生的重大事件和热点问题。然而，网络信息的泛滥也带来了一系列问题。例如，一些网络谣言、虚假信息通过社交媒体等渠道迅速传播，对大学生的身心健康造成严重影响；一些不良信息也通过网络渠道传播，对大学生的价值观和行为习惯产生负面影响。

2. 对大学生的影响

网络信息的泛滥容易对大学生的思想观念产生误导和干扰。一方面，它可能使大学生对真实世界产生误解和偏见，进而忽视客观事实，不进行理性分析；另一方面，它可能使大学生沉迷于虚拟世界，忽视现实生活中的责任和义务。因此，高校思想政治教育必须加强对大学生的引导作用，提高大学生的媒介素养和信息甄别能力。

（二）网络思想政治教育的缺失

尽管信息化为高校思想政治教育提供了新的手段和平台，但当前网络思想政治教育仍然存在诸多不足。

1. 网络思想政治教育的不足

当前，一些高校在网络思想政治教育方面还存在诸多不足。例如，一些高校缺乏专门的网络思想政治教育平台和相应的师资队伍；一些教师缺乏运用新媒体、网络等技术手段开展思想政治教育的能力和经验。这些问题导致网络思想政治教育难以达到预期的效果和目标。

2. 对大学生的影响

网络思想政治教育的缺失容易对大学生的思想观念产生负面影响。一方面，它可能使大学生在网络空间中缺乏正确的引导和帮助，容易受到不良信息的影响和误导；另一方面，它可能使大学生在网络空间中缺乏归属感和认同感，容易产生孤独感和焦虑情绪。因此，高校必须加强对网络思想政治教育的投入和建设，提高网络思想政治教育的针对性和实效性。

三、大学生自身特点的挑战

大学生作为高校思想政治教育的主体对象，具有鲜明的时代特征和个性特点。这些特点为高校思想政治教育提供了新的机遇和挑战。

（一）思想观念多元化

当代大学生生活在一个思想观念多元化的时代。他们接触的信息来源广泛、思想观念复杂多变。大学生思想观念多元化使得高校思想政治教育必须更加注重针对性和实效性。

1. 思想观念的多元化表现

当代大学生的思想观念呈现出多元化的趋势。在价值观层面，部分大学生强调自我实现和个性表达，追求独立自主的生活方式，部分大学生则更注重集体利益和社会责任；在政治认知方面，既有对民主、平等理念的推崇，也有对本土文化和制度特色的认同。这种多元化既反映了经济全球化时代的思想碰撞，也反映了大学生群体思维活跃、视野开阔的特点。

2. 对思想政治教育的挑战

思想观念的多元化对高校思想政治教育提出了新的挑战。一方面，它要求高校思想政治教育必须更加注重针对性和实效性。另一方面，它要求高校思想政治教育必须更加注重创新性和灵活性，采用更加生动、有趣、互动的教学方式和方法来激发学生的学习兴趣与积极性。

（二）自我意识增强

当代大学生具有较强的自我意识和独立性。他们注重个人价值的实现和自我发展。这种自我意识的增强使得高校思想政治教育必须更加注重学生的主体地位和个性差异。

1. 自我意识增强的表现

当代大学生的自我意识日益增强。他们开始关注自己的内心世界和个人成长，注重个人价值的实现和自我发展。他们也更加注重自己的权益和利益保护，对不合理的制度和规定敢于提出疑问与挑战。

2. 对思想政治教育的挑战

自我意识的增强对高校思想政治教育提出了新的挑战。一方面，它要求高校思想政治教育必须更加注重学生的主体地位和个性差异，尊重大学生的个人选择和意见表达；另一方面，它要求高校思想政治教育必须更加注重引导和帮助大学生树立正确的自我认知与自我发展观念，避免他们陷入自我中心主义和极端个人主义的误区。

第三节　高校思想政治教育的现状

一、取得的主要成就

近年来，党和国家高度重视高校思想政治教育工作，大力推动相关改革。高校思想政治教育取得了显著成就，尤其是在思想政治理论课程的建设和管理，以及教育机制创新与实践探索方面，为培养德智体美劳全面发展的社会主义建设者和接班人奠定了坚实基础。

（一）思想政治理论课程的改革与建设

1. 内容体系与时俱进，不断焕发新活力

“做好高校思想政治工作，要因事而化、因时而进、因势而新。”习近平总书记的这一重要指示，为高校思想政治理论课的拓展和创新指明了方向，强调了内容上的与时俱进和不断创新的必要性。这一重要论述不仅为全国高校思想政治课建设提供了根本遵循，更在实践中催生出生动的改革范例。

作为高等教育大省，辽宁省立足新时代思想政治教育新要求，将理论指引转化为具体行动。

辽宁省教育厅积极响应，自 2022 年春季学期开始，将“习近平新时代中国特色社会主义思想概论”课正式纳入辽宁各高校的教学计划，并全面启动实施教学工作。这一课程的开设，不仅是对传统思想政治理论课的继承和发展，更是对新时代思想政治理论课内容的一次全面更新和提升。

辽宁省委教育工委、省教育厅明确提出，开设“习近平新时代中国特色社会主义思想概论”课，旨在帮助大学生深入学习领会习近平新时代中国特色社会主义思想的核心要义、精神实质、丰富内涵和实践要求。通过这门课程的学习，大学生们将能够更加准确地把握时代脉搏，紧跟时代步伐，不断增强“四个意识”，坚定“四个自信”，做到“两个维护”。这门课程也将注重理论与实践的结合，引导大学生将所学知识运用到实际生活中，不断提高自身的思想政治素质和综合能力，为成为新时代的优秀人才奠定坚实基础。

2. 教学方法的多样化与创新

（1）互动式、体验式教学方法的推广

高校在思想政治教育教学中普遍推广了互动式、体验式教学方法，取得了显著成效。例如，海南师范大学在思想政治教育课程中注重互动式、体验式教学的应用，通过组织专题讲座、研讨会等形式，邀请知名教授、教学骨干等，针对基础教育发展、教师教育发展等内容进行深入探讨，使学生在交流中拓宽视野，提高认识水平。在通识课程和专业课程的教学中，学校也强调将价值导向与知识传授相融合，明确思政课程教学目标，通过案例分析、小组讨论等方式，让学生在参与中感受思想政治理论的魅力，提高教学效果。

（2）线上线下混合式教学模式的探索

随着信息技术的快速发展，高校在思想政治教学中积极探索线上线下混合式教学模式。例如，上海开放大学作为“功能性、平台型”新型高校，将思想政治教育课程建设作为提高教育教学质量的重要工作内容。学校充分利用现代信息技术手段，搭建起功能完善、内容丰富的线上教学平台，实现了线上线下相结合的混合式教学模式。学生可以在线上自主学习，在线下则通过讨论、答疑等环节，与教师和同学进行互动交流，这种教学方式不仅打破了时间和空间的限制，还通过线上讨论、课堂答题等形式，加强了师生之间的互动和交流，切实改善了教学效果。

（3）实践教学环节的加强

高校在思想政治教育中高度重视实践教学环节，通过组织丰富多样的实践活动，提升学生的综合素质。例如，贵州师范大学在思想政治教学中充分利用贵州丰富的红色文化资源，突出地域特色，不断丰富教学内容。学校每年暑期都会组织“三下乡”活动，让学生结合思想政治课的实践教学，前往贵州乡村全面振兴的最前线，开展一系列社会实践活动。例如，“维修达人”深入乡村，用学到的技能帮村民解决各种难题；“直播带货小能手”推动贵州特产走向更广阔的市场；策划夏令营活动，给农村的孩子们带去丰富多彩的兴趣课堂等。这些实践活动不仅让学生在实践中锻炼能力、增长才干，而且增强了他们的社会责任感和家国情怀。

3. 师资队伍专业化

高校在思想政治课教师的选拔与培养机制、培训与考核等方面取得了显著成效，不仅提升了教师的专业素养和教学能力，还为思想政治课的改革和创新提供了有力的人才保障。

（1）选拔培养机制

高校通过严格的选拔程序，确保思想政治课教师队伍的高素质，并取得了显著成效。例如，北京大学在招聘思想政治课教师时，不仅考察其学术背景和教学能力，还特别注重其政治素养和师德师风。这种全面的选拔标准确保了教师队伍在思想政治理论方面的深厚功底和在教育实践中的高尚品德。

为了进一步提升教师的专业素养，北京大学建立了一套完善的培养机制，包括资助教师参加国内外进修课程、参与学术交流会议等。这些措施不仅拓宽了教师的学术视野，还促进了他们在教学方法和理念上的创新。据统计，得益于这些培养机制，北京大学思想政治课教师的博士学历比例近年来有了显著提高，教师队伍的整体素质得到了明显提升。

（2）培训与考核体系

高校还建立了系统的培训和考核体系，以确保教师综合素质与能力的持续提升。以武汉大学为例，该校定期组织思想政治课教师进行政治理论学习和教学技能培训。这些培训不仅涵盖了最新的政治理论动态，还包括了教学方法和技巧的提升，使教师能够更好地将理论知识传授给学生。

武汉大学还建立了一套完善的考核体系，通过学生评价、同行评议等多种方式，对教师的教学效果进行全面评估。这种多维度的考核方式不仅确保了教学质量的提升，还有效激励了教师在教学和科研方面的不断创新。这些措施有效提升了教师的教学质量和科研能力，为思想政治课的改革和创新提供了有力保障。武汉大学思想政治课教师的教学满意度持续提升，学生评价中的优秀率大幅上升，教师在核心期刊上发表的学术论文数量也显著增加，这充分证明了该校在思想政治课教师队伍建设方面的成效。

（二）思想政治教育工作机制创新

1. 制度体系化：构建“三级联动”政策框架

（1）国家顶层设计

教育部相继出台了《新时代高校思想政治理论课教学工作基本要求》与《高等学校思想政治理论课建设标准（2021 年本）》等一系列纲领性文件，明确界定了课程设置的框架、学分学时的分配、师资力量的配比等核心要素，为高校思想政治课建设提供了坚实的政策支撑。通过实施“思政课建设质量年工作”及“‘一省一策思政课’集体行动工作”等专项工程，教育部强力推动政策落地生根，确保各项措施得以有效执行。

（2）省级统筹推进

在国家的宏观指导下，各省纷纷响应，结合本地实际，制定了详尽的实施细则，如《全面推进北京高等学校课程思政建设工作方案》等，为区域内高校思想政治课建设提供了具体的操作指南。各省还建立了省级高等学校思想政治课教学指导委员会，通过资源整合与共享，推动了区域内思想政治课教学水平的整体提升。

（3）校本特色创新

高校作为思想政治课教学的主体，积极响应国家与省级的号召，纷纷制定校内规章制度，如复旦大学的“三集三提”集体研讨备课制度，即集中研讨提问题、集中备课提质量、集中培训提素质，形成了独具特色的“一校一策思政课”管理模式，为思想政治课教学注入了新的活力。

2. 教学标准化：统一规范与动态优化相结合

（1）核心要素统一奠定基础

全国统一使用马克思主义理论研究和建设工程重点教材，确保了教学内容的权威性和准确性。严格落实“课件、教案、教学要点”三统一的要求，为思想政治课教学提供了统一的教学标准。

（2）质量标准细化提升品质

在统一的教学标准的基础上，各高校纷纷建立起了“备课—授课—考核”的全流程质量标准体系。例如，一些高校实行思政课的“五备制度”，即备理论、备学生、备教法、备案例、备技术，为思想政治课教学提供了全方位的质量保障。推行“金课”建设标准，如南开大学的“思政课‘师生四同’实践育人模式”成为南开思想政治教育课程建设的“金名片”，进一步提升了思想政治课的教学品质。

3. 评估反馈立体化：多元闭环机制形成

（1）评估主体多元化，确保全面性

“学生评教 + 同行互评 + 督导督查 + 第三方评估”的四维评估体系，确保了评估结果的全面性和客观性。例如，部分高校引入第三方机构开展思想政治课教学质量诊断，为教学改进提供了有力的数据支持。

（2）数据驱动改进，实现精准化

建立了教学问题“发现—反馈—整改—复查”的闭环管理机制，通过数据驱动的方式实现了教学问题的精准识别和改进。部分高校将评估结果与教师职称评定、教学奖励挂钩，进一步激发了教师的教学积极性。

（3）技术赋能监测，提升效率

试点人工智能课堂行为分析系统等先进技术，如华中科技大学的沉浸式大思政课堂等，为教学管理和改进提供了高效的技术支持。

4. 师资管理专业化：准入与培养并重

（1）严格准入机制，保障质量

实行思想政治课教师任职资格制度，对教师的政治面貌和专业背景进行双审查，确保了教师队伍的政治素质和专业能力，进一步优化了教师队伍结构。

（2）分层培养体系，促进成长

构建了“国家级示范培训＋省级轮训＋校级教研”的三级培训网络，如全国高校思想政治理论课教师网络集体备课平台，为教师的专业成长提供了丰富的资源。

（3）激励机制创新，激发潜力

单列思想政治课教师职称评审标准，设立专项岗位津贴，如武汉大学实行思想政治课教师教学科研等效评价，进一步激发了教师的教学科研热情和创新潜力。

5. 协同机制强化：跨部门资源整合

（1）校内协同，形成合力

建立“马院牵头、宣传部统筹、学工部联动”的工作机制，推动了课程思政与思想政治课程的同向同行。例如，中国政法大学的“课程思政示范课”，为课程思政提供了丰富的资源和案例。

（2）校际协同，共享资源

组建区域性思想政治课建设联盟，如京津冀高校思政课创新联盟，通过资源共享和合作交流，提升区域内思想政治课教学的整体水平。

（3）社会资源引入，拓宽渠道

截至 2024 年，教育部联合多部门公布新增 100 家全国性“大思政课”实践教学基地，覆盖生态保护、科技创新、红色教育等领域。例如，青海省自然资源博物馆、祁连山国家公园生态科普馆等入选，后者成为全国唯一上榜的国家公园类科普场馆。结合此前数据，教育部累计认定的国家级实践教学基地总数已超过 550 个（在 2023 年 453 个的基础上新增 100 余个），资源覆盖范围更广，主题更丰富。

6. 技术赋能深化：数字化转型加速

（1）教学平台升级提升体验

推广国家智慧教育平台“思政课资源库”，建设虚拟仿真实验项目，如湖北科技职业学院的思政课上引入了 VR 技术，让学生穿越故宫的红墙黄瓦，感受中华文明的恢弘，为师生提供了沉浸式的教学体验。

（2）管理流程数字化提高效率

开发思想政治课教学管理系统，实现排课、督导、评估等全流程的线上化管理。例如，电子科技大学的思政课大数据监测中心，为教学管理和决策提供了高效的数据支持。

总体而言，规范化成果呈现出三大显著特征：其一，从碎片化到系统化，形成了覆盖“目标—过程—结果”全链条的制度体系；其二，从经验化到数据化，依托技术工具实现了精准管理与科学决策；其三，从单一主体到多元共治，政府、高校、社会协同推进管理效能提升。当前，规范化管理已推动高校思想政治课从“外延式扩张”转向“内涵式发展”。展望未来，应进一步聚焦制度执行效能的提升与技术伦理风险的防控，力求在规范性与创新性之间找到动态的平衡点，持续推动高校思想政治课的改革与创新。

二、当下高校思想政治教育中存在的主要问题

尽管高校思想政治教育取得了显著成效，但在实际教学和管理过程中，仍存在一些不容忽视的问题，这些问题在一定程度上制约了思想政治教育质量的进一步提升，以及人才培养目标的实现。

（一）思想政治教育部分内容与现实脱节

当前，尽管课程内容体系与时俱进，但仍存在部分内容与现实生活脱节的现象。正因为如此，思想政治教育难以达到预期的效果和目标。

1. 理论化、抽象化的倾向

一些高校的思想政治教育课程内容过于理论化、抽象化，难以引起学生的兴趣和共鸣。例如，在讲授马克思主义基本原理时，一些教师过于注重理论体系的完整性和逻辑性，忽视了理论与实际的联系和应用。这种教学方式导致学生难以理解和掌握理论知识，更难以将其运用到实际生活中去。

2. 缺乏时代感和针对性

一些高校的思想政治教育课程内容缺乏时代感和针对性，无法满足学生的实际需求。例如，在讲授社会主义核心价值观时，一些教师没有结合当代中国的发展实践和学生的实际情况进行深入浅出的讲解与分析。这种教学方式导致学生难以将理论知识与现实生活相联系。

3. 内容更新相对滞后

部分高校的思想政治教育课程内容更新相对滞后，未能跟上时代的步伐。例如，在讲授中国特色社会主义理论体系时，一些教师没有及时将最新的理论成果和实践经验融入课程内容中。这种教学方式导致学生难以掌握最新的理论知识和实践经验，造成理论与实践严重脱节的问题。

（二）思想政治教育方法单一落后

正如前文所述，尽管高校思想政治教育在教学方法多样化与创新方面取得了显著成效，但仍存在部分方法单一落后的问题，这也导致思想政治教育难以激发学生的学习兴趣和积极性。

1. 灌输式教学方法

一些高校仍然采用传统的灌输式教学方法进行思想政治教育。这种教学方法以教师为中心，忽视了学生的主体地位和主动性。例如，在讲授思想政治理论课程时，一些教师只是简单地传授知识点和理论框架，没有引导学生进行深入思考和讨论。这种教学方式导致学生被动接受知识，缺乏创新精神和批判性思维能力。

2. 缺乏互动性和实践性

一些高校的思想政治教育方法缺乏互动性和实践性，导致学生难以将理论知识运用到实际生活中去。例如，在讲授社会主义核心价值观时，一些教师只是简单地讲解理论内容和要求，没有组织学生进行实践活动和案例分析等活动。这种教学方式导致学生难以将理论知识与现实生活相联系，难以形成正确的价值观念和行为习惯。

3. 新媒体和网络运用不足

尽管新媒体和网络已经在各个领域得到广泛应用，但一些高校在思想政治教育中仍未有效利用这些技术。例如，许多高校没有建立专门的思想政治教育网站或微信公众号来发布信息和组织活动，一些教师也未能掌握如何利用新媒体和网络工具进行教学工作。这种教学方式导致学生难以接触到最新的信息和资源，致使他们的知识结构相对滞后。

（三）思想政治教育师资队伍建设有待加强

尽管高校思想政治师资队伍专业化建设取得了显著成效，但仍存在数量不足、素质有待提高、培训和考核机制不完善等问题。这些问题的存在，致使思想政治教育难以充分实现其预期效果与目标。

1. 师资队伍数量不足

一些高校缺乏专门的思想政治教育师资队伍，导致无法满足教学工作的需要。例如，一些高校没有配备足够的辅导员和心理健康教育教师来开展思想政治教育工作，一些高校没有建立专门的思想政治教育研究机构来推动学科发展和提高教学质量等。这种现状导致学生难以得到及时有效的帮助和支持，制约了教学质量的提升和个性化教育的实施。

2. 政治素质和业务能力有待提高

一些高校思想政治教育教师的政治素质和业务能力有待提高。例如，一些教师缺乏扎实的马克思主义理论功底和丰富的教学经验，一些教师没有掌握先进的教学方法和手段来开展思想政治教育工作等。这种现状导致学生难以掌握最新的理论知识和实践经验，难以适应新时代的要求和挑战。

3. 培训和考核机制不完善

一些高校对思想政治教育教师的培训和考核机制不完善，导致教师难以不断提高自身素质和能力水平。例如，一些高校没有建立完善的教师培训计划和体系来提供持续学习和发展的机会，一些高校没有建立科学的教师考核评价机制来激励教师不断提高教学质量和效果等。这种现状导致教师缺乏积极性和创造力，难以适应新时代的要求和挑战。

综上所述，高校思想政治教育在取得显著成效的同时，仍存在一些问题和不足。为了更好地适应新时代的要求和挑战，高校必须加大对思想政治教育工作的改革和创新力度，不断提高教学质量和效果水平。

第三章　高校思想政治教育的理念

在高等教育领域，思想政治教育是塑造学生世界观、人生观、价值观的关键环节。随着时代的变迁和社会的进步，高校思想政治教育领域更加注重一些新的理念。以人为本理念强调尊重、理解、关心学生，注重学生的个体差异和全面发展；改革创新理念则倡导在继承传统优势的基础上，不断探索新的教育方法和手段，以适应新时代大学生的需求；全面发展理念则要求高校思想政治教育者关注学生德智体美劳各个方面的均衡发展。本章将深入探讨这三种理念在高校思想政治教育中的应用与实践，旨在为提高高校思想政治教育质量、促进学生全面发展提供理论支持和实践指导。

第一节　以人为本理念

一、以人为本理念的内涵

以人为本理念肇端于中华优秀传统文化中的“民为邦本”思想，历经现代人本主义思潮的淬炼，在当代社会演进为以人的全面发展为旨归的价值体系。以人为本理念的核心要义在于，确立人在社会活动中的主体地位，以促进人的潜能开发与价值实现为终极目标。这一理念能突破传统工具理性的桎梏，强调在管理、教育等各领域构建主体与客体间的对话关系，尤其在教育领域产生范式革新效应。

在教育场域中，该理念表现为从“知识本位”到“生命本位”的范式转换：要求高校思想政治教育者突破标准化知识传授的界限，转向对学生生命历程的深度观照。具体而言，需建立三重认知维度——将学生视为具有独立人格的认知主体、蕴含无限可能的发展主体、承载文化基因的伦理主体。这种认知重构为现代教育改革提供了哲学基础，也为高校思想政治教育革新开辟了实践之路。

二、高校思想政治教育的人本维度建构

（一）主体性重构：从规训模式迈向对话教学的深度转型

传统思想政治教育往往拘泥于主体与客体二元对立的框架之中，教师作为知识的传授者，单向灌输知识，而学生则被动地接受。以人为本的教育理念要求我们打破这一传统模式，建立起“双主体”的互动模式，通过以下三种路径实现教学的根本转型。

首先，认知体系的转换是关键。应采用启发教学法，通过精心设计的“问题链”引导学生自主建构认知体系。以社会主义核心价值观的教学为例，可以创设道德认知冲突的情境，组织学生开展辩论活动，而非简单地进行说教，从而激发学生的思考热情。

其次，权力结构的重构势在必行。借鉴哈贝马斯的交往行为理论，建立平等对话的机制，让课堂成为师生共同探索知识的场所。在实践中，可以采用“世界咖啡屋”的研讨模式，将课堂的部分主导权让渡给学生，教师则转变为价值的引导者，助力学生成长。

最后，评价机制的革新也是不可或缺的一环。构建发展性的评价体系，将课堂参与度、思维深刻性等过程性指标纳入考核范围，以替代单一的标准化测试，从而更全面地评价学生的学习成果。

（二）发展性关照：多维度的素养培育体系构建

现代思想政治教育必须回应“培养什么样的人”这一时代命题，为此，需构建“四位一体”的素养培育体系，以全面提升学生的综合素质。具体如表 3–1 所示。

表 3–1　“四位一体”的素养培育体系

素养维度	培育路径	实践载体
政治素养	理论认知—情感认同—实践转化三阶培养	红色场馆沉浸式教学
道德素养	道德认知冲突情境模拟	社区治理实践项目
文化素养	中华优秀传统文化现代性的转化	非遗传承工作坊
发展素养	职业生涯生态系统的构建	校友导师计划

“四位一体”的素养培育体系包括政治素养、道德素养、文化素养和发展素养四个维度。在政治素养方面，通过“理论认知—情感认同—实践转化”的三阶培养路径，利用红色场馆进行沉浸式教学；在道德素养方面，设置道德认知冲突情境模拟，结合社区治理实践项目进行培育；在文化素养方面，注重中华优秀传统文化的现代性转化，通过非遗传承工作坊等实践载体创新性发展；在发展素养方面，构建职业生涯生态系统，实施校友导师计划，为学生的未来发展提供有力支持。

特别值得注意的是，还需要建立差异化的培养机制。针对学术型学生，可以设置理论研习班，深化其学术素养；对于实践型学生，则可以开发社会调研项目，提升其实践能力。通过这样的精准育人方式，可以更好地满足学生的个性化需求。

（三）生态化培育：教育共同体的全面构建

生态化培育是指打破课堂教学的时空界限，构建“三维育人生态”，实现教育的全方位、多层次发展。

在物理空间方面，可以建设智慧教室、书院制社区等新型学习空间，促进非正式学习的发生；在数字空间方面，应积极开发 VR 党史馆、思想政治教育微课等数字化资源，拓宽学生的学习渠道；在社会空间方面，可以建立“大思想政治教育课”实践教学基地，实现校政企协同育人，为学生的成长提供更为广阔的平台。

三、人本理念的思想政治教育的教育价值

人本理念强调以人的全面发展为核心，在思想政治教育中融入人本理念，对于拓展思想政治教育的价值维度具有深远意义，具体体现在本体论价值、方法论价值和时代性价值三个层面。

（一）本体论价值：回归教育本质

从本体论视角来看，人本理念有助于破解传统思想政治教育中“人学空场”的困境，推动思想政治教育实现从“政治人”塑造到“完整人”培养的范式转换。

传统思想政治教育在一定程度上过于强调政治功能的实现，将受教育者视为被动接受政治知识和价值观灌输的客体，忽视了受教育者的主体性和个性需求，导致思想政治教育与人的全面发展相脱节，出现了“人学空场”的现象。人本理念强调尊重受教育者的主体地位，关注其个性差异、情感需求和价值追求，将思想政治教育视为促进受教育者全面发展的过程。

例如，复旦大学开设的“治国理政”课程，通过角色扮演的教学方式，让学生在政策模拟的情境中深化对理论知识的认知。这种教学方式不仅使学生更加主动地参与到学习过程中，还培养了他们的实践能力、团队协作能力和创新思维。课程满意度高达 98.7%，充分说明了以人本理念为指导的教学方式能够回归教育的本质，促进学生的全面发展。从哲学层面分析，人的本质是一切社会关系的总和，思想政治教育只有关注人的全面发展，才能真正实现育人功能，而人本理念正是实现这一目标的关键所在。

（二）方法论价值：提升教育效能

在方法论层面，人本理念为思想政治教育提供了新的思路和方法，有助于提升教育效能。

北京师范大学的实证研究为这一观点提供了有力支撑。研究采用对比实验的方法，将学生分为实验组和传统组，实验组采用人本化教学模式，传统组采用传统教学模式。结果显示，实验组学生的政治认同度较传统组学生提高了 23.6%，课堂参与度提升了 41.2%。这一数据表明，人本化教学模式能够激发学生的学习兴趣和积极性，增强他们对政治知识的理解和认同。

其中，“议题中心教学法”是人本化教学模式的典型代表。该方法以社会热点议题为切入点，引导学生进行讨论和分析，让学生在自主探究和思考中形成正确的价值观。“议题中心教学法”，使学生不再被动地接受知识，而是主动地参与知识的构建，从而显著提升了他们的价值辨析能力。从教育学原理来看，人本化教学模式符合学生的认知规律和心理特点，能够激发学生的学习动机，有助于提高学习效果，进而提升思想政治教育的效能。

（三）时代性价值：回应现实诉求

在当今时代，Z 世代群体呈现出“圈层化”的特征，这对思想政治教育提出了新的挑战。人本理念能够促使思想政治教育回应这一现实诉求，实现创新发展。

Z 世代群体成长于信息爆炸的时代，他们的兴趣爱好、价值观念和行为方式呈现出多样化、个性化的特点，形成了不同的“圈层”。他们的信息获取方式更加碎片化，难以集中精力接受系统的思想政治教育。针对这一现状，部分高校利用大数据分析技术，深入了解 Z 世代群体的兴趣爱好、学习需求和思想动态，为他们提供个性化的内容推送。通过这种方式，信息到达率显著提升，有效破解了“代际传播壁垒”。从社会学的角度来看，代与代之间存在着文化差异和沟通障碍，而人本理念强调关注受教育者的特点和需求，通过技术创新和个性化服务，能够更好地满足不同代际群体的思想政治教育需求，使思想政治教育更加贴近实际、贴近生活、贴近学生。

综上所述，人本理念在思想政治教育的本体论、方法论和时代性价值方面都具有重要的拓维作用。在未来的思想政治教育实践中，应进一步强化人本理念，不断探索和创新教育方式方法，以更好地实现思想政治教育的目标和任务。

第二节　改革创新理念

高校思想政治教育作为培养新时代人才的关键环节，同样需要融入改革创新理念，以适应时代发展的需求。本节将从改革创新的内涵出发，深入探讨其在高校思想政治教育中的具体体现与价值。

一、改革创新理念的内涵

改革创新理念作为推动社会进步和发展的重要力量，其本质在于通过变革旧有的体制、观念和方法，引入新的元素和理念，以激发社会的内在活力，促进社会的全面发展和进步。这一理念不仅在经济、政治等领域发挥着重要作用，同样在教育领域，特别是在高校思想政治教育中，具有深远的意义。

改革创新的核心在于“新”，即追求新颖性、创造性和前瞻性。它要求人们在面对旧有体制和观念的束缚时，敢于打破常规，勇于探索未知，不断寻求新的突破和发展。在高校思想政治教育中，这种“新”体现在教育理念的更新、教育内容的拓展、教育方法的创新等多个方面。

具体而言，改革创新要求高校思想政治教育者不断更新教育观念，摒弃过时的教育理念和方法，采用更加科学、有效的方式开展思想政治教育。这意味着高校思想政治教育者需要紧跟时代步伐，深入了解新时代学生的特点和需求，结合社会发展的实际情况，不断创新教育模式和方法，以提升学生的思想政治素质和综合能力。

二、改革创新理念在高校思想政治教育中的内涵

（一）教育理念的创新

传统的高校思想政治教育往往侧重理论知识的传授，忽视了学生主体性的

发挥和实践能力的培养。这种教育模式在一定程度上限制了学生的全面发展，难以满足新时代对人才的需求。在改革创新理念的指导下，高校思想政治教育应更加注重学生的全面发展，强调以学生为中心，注重培养学生的创新精神和实践能力。

1. 从灌输式到引导式

传统的高校思想政治教育多采用灌输式的教学方法，即教师单方面地向学生传授知识，学生被动接受。这种教学方法忽视了学生的主体性和能动性，难以激发学生的学习兴趣和主动性。在改革创新理念的指导下，高校思想政治教育可采用引导式的教学方法，即教师不再是知识的灌输者，而是学习的引导者和促进者。通过引导学生积极参与课堂讨论和社会实践，激发学生的学习兴趣和主动性，培养其独立思考和解决问题的能力。

2. 从单一评价到多元评价

传统的高校思想政治教育往往采用单一的评价方式，即主要通过考试成绩来评价学生的学习成果。这种评价方式忽视了学生个体差异和多元化发展的需求，难以全面反映学生的综合素质和能力。在改革创新理念的指导下，高校思想政治教育应采用多元评价方式，综合考虑学生的课堂表现、社会实践、创新能力等多个方面，以全面、客观地评价学生的学习成果和综合素质。

3. 从封闭式教学到开放式教学

传统的高校思想政治教育多采用封闭式的教学方式，即教学活动主要在课堂上进行，缺乏与社会实际的联系和互动。这种教学方式难以激发学生的学习兴趣和主动性，也难以培养学生的实践能力和创新精神。在改革创新理念的指导下，高校思想政治教育应采用开放式的教学方式，即将教学活动与社会实际相结合，鼓励学生积极参与社会实践和志愿服务等活动，以增强学生的社会责任感和使命感。

（二）教育内容的创新

1. 融入习近平新时代中国特色社会主义思想

习近平新时代中国特色社会主义思想是中国共产党在新时代的指导思想，具有鲜明的时代特征和中国特色。将习近平新时代中国特色社会主义思想融入高校思想政治教育内容中，有助于引导学生深入理解中国特色社会主义事业的历史进程和伟大成就，增强其对中国特色社会主义的道路自信、理论自信、制度自信、文化自信。

2. 强化社会主义核心价值观教育

社会主义核心价值观是当代中国精神的集中体现，凝结着全体人民共同的价值追求。将社会主义核心价值观融入高校思想政治教育内容中，有助于引导学生树立正确的世界观、人生观和价值观，培养其良好的道德品质和行为习惯。同时，还有助于引导学生积极践行社会主义核心价值观，为社会的发展和进步贡献自己的力量。

3. 关注社会热点问题和学生的实际需求

高校思想政治教育应关注社会热点问题和学生的实际需求，将理论知识与实际生活相结合，提高教育的吸引力和感染力。例如，可以针对当今社会上的热点问题开展专题讨论和讲座等活动，引导学生深入思考和分析问题；还可以针对学生的实际需求开展心理健康教育、职业规划指导等服务活动，帮助学生解决成长过程中的困惑和问题。

（三）教学方法的创新

在高等教育领域，思想政治教育的教学方法亟须注入新的活力。为此，应着力构建“双向互动—技术赋能—实践转化”三位一体的创新教学方法体系，以此突破传统单向灌输的局限，推动知识传递向能力培养的转型。

1. 互动式教学法：拓展思维对话的新空间

为深化教学互动，应对传统案例教学进行升级，实施“三维案例教学法”。通过建立“经典理论案例库—社会热点案例库—学生成长案例库”三级资源体系，构建起理论溯源、现实观照、自我反思的递进式教学链条。以社会主义核心价值观的教学为例，可依次解析《共产党宣言》的经典文本（理论维度），剖析脱贫攻坚的生动实践（实践维度），并研讨大学生诚信考试的现实案例（个体维度），从而实现理论深度与社会广度的立体融合教学。

此外，还可应用“议题树形讨论法”，以结构化小组讨论的形式，激发学生的深度思考。通过设计具有逻辑关联性的议题集群，如以“科技伦理”为核心，延伸出基因编辑、人工智能发展、数据安全等分支议题。各组在“议题领航—观点嫁接—共识提炼”的三阶段研讨中，逐步形成思维导图式的集体智慧结晶。教师则运用“苏格拉底式追问”，引导学生发掘认知盲区，培养其系统性思维能力。

2. 技术融合教学法：塑造智慧教育的新生态

在多媒体教学方面，应致力于开发情境沉浸式课件，运用 VR 技术重现重要历史场景，如“真理标准大讨论”的现场，配合动态数据的可视化呈现，让学生身临其境地感受思想演变的历程。应开发交互式理论图谱，使学生能够通过拖拽重组概念关系，即时生成个性化的知识网络，从而增强学习的主动性和趣味性。

在网络教学平台方面，应构建“双螺旋学习社区”，在线上平台设置理论学习链与实践反馈链两条并行通道。理论学习链涵盖微课闯关、专家直播、文献漂流等功能，为学生提供丰富的学习资源；实践反馈链则设置热点追踪、观点碰撞、行为记录等模块，鼓励学生积极参与社会实践。两条并行通道中的数据通过人工智能分析生成学习者画像，为精准化教学干预提供有力支持。

3. 实践转化教学法：贯通知行合一的新路径

为实现理论与实践的有机结合，应创设“思辨工作坊—校园实践—社会服务”三级实践平台。思辨工作坊通过政策辩论、模拟听证等角色扮演活动，提升学生的思辨能力；校园实践则通过“时政观察团”“理论宣讲队”等特色项目，让学生在实践中深化理论认知；社会服务则对接社区治理、乡村振兴等国家战略，引导学生将所学知识应用于解决实际问题。例如，可组织学生参与基层治理调研，通过撰写政策建议书、制订民生问题解决方案等形式，将理论认知转化为实践能力，形成从认知建构到行为养成的完整闭环。

三、改革创新理念在高校思想政治教育中的价值

（一）促进学生全面发展

改革创新理念在高校思想政治教育中的应用有助于促进学生的全面发展。通过注重学生的主体性发挥和实践能力培养，可以提升学生的综合素质和创新能力，为其未来的职业发展和社会参与奠定坚实基础。

1. 提升学生的综合素质

改革创新理念要求高校思想政治教育注重学生的全面发展，强调以学生为中心，注重培养其创新精神和实践能力。可以通过引导学生积极参与课堂讨论和社会实践等活动，激发其学习兴趣和主动性，培养其独立思考和解决问题的能力；还可以通过多元评价方式，全面、客观地评价学生的学习成果和综合素质，以促进其全面发展。

2. 培养学生的创新精神

创新精神是新时代人才的重要素质之一。在高校思想政治教育中注重培养学

生的创新精神，可以激发其创新意识和创造力。例如，可以通过开展创新创业教育活动引导学生积极参与科研项目和社会实践等活动，培养其创新思维和实践能力；还可以通过设立创新创业基金和制订奖励机制等鼓励学生积极投身创新创业实践。

3. 增强学生的实践能力

实践能力是新时代人才不可或缺的重要素质之一。高校思想政治教育应注重提升学生的实践能力，帮助他们更好地适应社会发展的需求。例如，可以构建“政校企行”四方联动的实践育人平台，联合地方政府开展智慧城市治理模拟沙盘推演，让学生在数字孪生系统中参与社区微更新方案设计；与科技企业共建“未来实验室”，组织学生参与人工智能伦理算法开发、元宇宙空间文化传播等前沿课题攻关；依托红色教育基地开展“重走长征路”VR实景研学，通过沉浸式体验强化学生的历史使命感；设立“乡村振兴工作站”，引导学生运用区块链技术助力农产品溯源系统建设，在田间地头开展直播带货实训。这些创新实践模式既能培养学生的数字化思维与跨界整合能力，又能通过真实场景中的项目制学习，提升其应对复杂社会问题的综合素养。

（二）提高教育效果

创新的教育理念和方法能够激发学生的学习兴趣与主动性，从而提高教育效果。采用多元化、互动式的教学方法，可以使学生在轻松愉快的氛围中接受知识，增强对理论知识的理解。

1. 激发学生的学习兴趣和主动性

传统的讲授式教学往往难以激发学生的学习兴趣和主动性，而改革创新理念下的多元化、互动式教学方法则可以有效解决这一问题。例如，案例教学方式，可以使学生更加深入地理解理论知识，并将其应用于实际问题的解决中；开展小组讨论活动，可以使学生更加积极地参与课堂学习和思考过程；通过利用多媒体设备制作生动有趣的课件和视频资料，可以吸引学生的注意力，提高其学习兴趣和主动性。

2. 提高教育质量和效率

改革创新理念下的高校思想政治教育可以有效地提高教育质量和教学效率。例如，通过利用数字化备课工具、翻转课堂教学模式等，可以节省教师授课时间，提高课堂效率；通过小组讨论和案例分析等方法，可以引导学生积极参与课堂学习和思考过程，从而提高教育质量；还可以通过网络学习平台共享资源机制等方式拓宽学生的学习渠道和资源范围，进一步提高教育效率。

（三）推动思想政治教育现代化

改革创新是推动思想政治教育现代化的重要动力。不断更新教育理念、拓展教育内容、创新教育方法，可以使高校思想政治教育更加适应时代发展的需求，为培养新时代人才提供有力支持。

1. 适应时代发展的需求

随着时代发展和社会进步，高校思想政治教育也需要不断更新方式和内容以适应时代发展的需求。例如，随着信息技术的发展和普及，高校思想政治教育需要充分利用现代信息技术手段，如多媒体教学、网络教学等，拓宽教育渠道和提高教育效果；随着经济全球化的深入发展和国际交流的日益频繁，高校思想政治教育需要加强对国际形势的研究与了解，以培养学生的国际视野和跨文化交流能力。

2. 培养新时代人才

新时代对大学生的要求越来越高，不仅要他们具备扎实的专业知识和技能，还要他们具备良好的思想道德素质和创新精神。改革创新理念下的高校思想政治教育注重培养大学生的创新精神和实践能力，为新时代人才的培养提供有力支持。例如，通过开展创新创业教育活动，引导学生积极参与科研项目和社会实践等活动，培养其创新思维和实践能力；通过加强思想政治教育和道德教育，引导学生树立正确的世界观、人生观、价值观，促使其形成良好的道德品质和行为习惯。

3. 推动思想政治教育创新发展

改革创新是推动思想政治教育创新发展的重要动力。要立足时代需求，创新教育内容，将理论讲授与社会热点、现实问题紧密结合，增强思政课的吸引力和说服力；积极运用现代信息技术手段，探索互动式、体验式教学方法，提升课堂参与度和教学实效性；健全协同育人机制，推动思政课堂与社会大课堂的深度融合，并完善以学生成长为核心的评价体系，实现知识传授与价值引领的统一。例如，可以通过开展思想政治教育理论研究和实践探索活动，推动思想政治教育理论体系的不断完善和发展；可以通过加强思想政治教育队伍建设，提高教师的专业素养和教学能力，为思想政治教育的创新发展提供有力保障。

（四）增强思想政治教育的吸引力和感染力

1. 关注学生的实际需求与心理特点

在改革创新理念的引领下，高校思想政治教育更加关注学生的实际需求和心理特点。这一理念倡导采用更为贴近学生生活实际的教学方式，以期增强思想政治教育的吸引力和感染力。具体而言，高校可针对学生的实际需求，如心理健康教育、职业生涯规划等，开展一系列服务活动，如心理健康教育讲座、职业规划指导课程等，以切实帮助学生解决成长过程中的困惑与难题。针对学生的心理特点，如追求新颖、喜好互动等，教师可灵活运用互动式、体验式等多样化的教学方式，充分激发学生的学习兴趣和主动性，使思想政治教育更加生动有趣，易于接受。

2. 提升学生对思想政治教育的认同感与参与度

在改革创新理念的指导下，高校思想政治教育不仅关注学生的实际需求和心理特点，还致力于运用更加贴近学生生活的教学方式，全面提升学生对思想政治教育的认同感与参与度。这些举措对于推动思想政治教育内化于心、外化于行具有重要意义。具体而言，高校可通过开展丰富多彩的校园文化活动和社团活动，如主题演讲、辩论赛、文艺晚会等，营造积极向上的校园文化氛围，引导学生积极参与其中，深刻感受思想政治教育的魅力和价值。加强师生之间的沟通和交流也是提升学生对思想政治教育的认同感的关键途径。教师通过倾听学生的心声、关心学生的成长，使学生对教师的信任感和亲近感得到提升，从而进一步增强其对思想政治教育的认同感和参与度，使思想政治教育真正成为学生成长道路上的指路明灯。

综上所述，改革创新理念在高校思想政治教育中具有重要意义与价值。通过不断更新教育理念、拓展教育内容、创新教育方法，可以推动思想政治教育的现代化进程，促进学生的全面发展，为培养新时代人才提供有力支持。改革创新理念还有助于增强思想政治教育的吸引力和感染力，提升学生对思想政治教育的认同感和参与度，推动其内化于心、外化于行。在未来的发展中，高校应继续坚持改革创新理念，不断探索与实践新的教育模式和方法，以适应时代发展的需求和学生成长的需要。

第三节　全面发展理念

在当今社会快速发展的背景下，人的全面发展已成为时代赋予教育的重要使命。随着科技迅猛进步、经济全球化、文化多元化发展，社会对人才的需求日益多样化，不仅要求个体具备扎实的专业知识，而且强调其综合素质的全面提升。全面发展理念作为马克思主义教育理论的核心内容，不仅是对个人潜能的极致挖掘，更是对社会进步和文明发展的深刻回应。高校思想政治教育作为塑造青年学生世界观、人生观、价值观的关键环节，承担着将全面发展理念融入教育实践，促进学生全面成长的重要任务。本节将从全面发展理念的基本内涵出发，深入探讨其在高校思想政治教育中的具体体现及价值。

一、全面发展理念的基本内涵

全面发展理念源自马克思关于人的全面发展学说，这一理论深刻揭示了人的发展的本质和规律。人的全面发展是人的能力的全面发展，是人的社会关系的全面发展，也是人的个性的全面发展。具体而言，全面发展理念包含以下几个方面。

（一）人的能力的全面发展

人的能力的全面发展是全面发展理念的核心内容之一。这里所说的能力，不仅包括智力、体力的发展，还包括审美能力、社交能力、创新能力、批判性思维能力等多个方面。智力的发展是个体认识世界、改造世界的基础，体力的发展则是个体生存和发展的重要保障。审美能力、社交能力等则是个体在社会生活中不可或缺的能力，它们共同构成了个体的综合素质。

通过教育和实践，个体能够充分发挥潜能，不断提升自身的能力水平。教育在这一过程中起着至关重要的作用。它不仅能够传授知识，而且能够培养学生的思维方式和解决问题的能力。实践是检验真理的唯一标准，通过实践，个体能够将所学知识转化为实际能力，不断提升自身的综合素质。

在全面发展的视角下，教育应注重培养学生的综合素质。这要求高校思想政治教育者应关注学生的全面发展，注重培养学生的创新思维和实践能力，鼓励学生在实践中不断探索、不断创新。

（二）人的社会关系的全面发展

人是社会的人，人的全面发展必然包含社会关系的和谐。社会关系是个体在社会生活中与他人、与社会相互作用和相互影响而形成的。社会关系不仅影响着个体的生存和发展，而且塑造着个体的个性和价值观。

在全面发展的视角下，个体应在与他人、与社会的互动中，实现地位、角色的确认，以及权利和义务的平衡。这意味着个体不仅要关注自身的利益和发展，还要关注他人的利益和发展，积极履行社会责任和义务；个体还应学会与他人合作、沟通、协商，共同推动社会的进步和发展。

高校思想政治教育在这一过程中起着重要的引导作用。通过思想政治教育，学生能够树立正确的世界观、人生观和价值观，学会正确处理个人与社会的关系，增强社会责任感和使命感。此外，高校思想政治教育还应注重培养学生的团队合作精神和沟通能力，为学生未来的发展奠定坚实的基础。

（三）人的个性的全面发展

个性是人的独特性和主体性的体现。全面发展理念强调尊重和保护每个人的个性差异，鼓励个体在兴趣、爱好、特长等方面得到充分发展，实现自我价值。

个性的全面发展是个体全面发展的重要组成部分。每个人的兴趣、爱好、特长都是独特的，这些独特的个性特征构成了个体的独特性和主体性。通过充分发挥这些个性特征，个体能够在自己擅长的领域取得更好的成绩，实现自我价值。

高校思想政治教育应注重学生的个性发展。高校思想政治教育者应关注学生的兴趣爱好和特长，为学生提供多样化的教育资源和平台，鼓励学生积极参与各种课外活动和社会实践，不断提升自身的综合素质和个性魅力。高校思想政治教育者还应尊重学生的个性和差异，避免用统一的标准来衡量学生，为学生的个性发展创造宽松、自由的环境。

二、全面发展理念在高校思想政治教育中的内涵

全面发展理念在高校思想政治教育中的具体体现主要包括以下几个方面。

（一）德育为先，健康发展

1. 理想信念教育

理想信念是人生的精神支柱和动力源泉。通过理想信念教育，学生能够明确自己的人生目标和追求，坚定对马克思主义的信仰和对社会主义的信念。这有助于学生形成正确的世界观、人生观和价值观，为未来的职业生涯规划和个人发展做好准备。

2. 爱国主义教育

爱国主义是中华民族的精神支柱和民族之魂。通过爱国主义教育，学生能够增强民族自尊心、自信心和自豪感，激发为国家和民族的繁荣富强而努力奋斗的责任感。这有助于学生形成正确的国家观、民族观和历史观，为成为合格的社会主义建设者和接班人奠定坚实的基础。

3. 公民道德教育

公民道德是社会文明进步的标志。通过公民道德教育，学生能够了解并遵守社会公德、职业道德和家庭美德等道德规范。这有助于学生成为有道德、有文化、有纪律的公民，为社会的和谐稳定和发展做出贡献。

在德育为先的理念指导下，高校思想政治教育应注重培养学生的道德素质和社会责任感。高校思想政治教育者应通过丰富多样的教育形式和方法，如课堂教学、社会实践、校园文化活动等，引导学生树立正确的道德观念，形成良好的道德品质和行为习惯。

（二）智育并重，能力提升

智育是高校思想政治教育的重要组成部分。全面发展理念强调智育与德育并重，认为智育是促进学生全面发展的重要途径之一。通过智育，学生能够掌握系统的科学文化知识和专业技能，提升自身的智力水平和解决问题的能力。智育主要体现在以下几个方面。

1. 知识传授

知识是智育的基础。通过课堂教学和实践教学等方式，学生能够系统地掌握专业知识和技能，为未来的职业发展奠定坚实基础。高校思想政治教育者还应注重培养学生的自主学习能力和创新思维能力，鼓励学生在学习中不断探索和创新。

2. 思维训练

思维是智育的核心。通过思维训练，学生能够提升自己的逻辑思维、批判性思维和创造性思维等能力。这些能力对于学生在未来的职业发展和个人成长中具有重要意义。高校思想政治教育者应通过设计富有挑战性的学习任务和问题情境等方式，引导学生积极思考，并探索解决问题的方法。

3. 实践锻炼

通过实践锻炼，学生能够将所学知识转化为实际能力，提升自身的综合素质和竞争力。高校思想政治教育者应鼓励学生积极参与各种课外活动和社会实践，如科研创新、志愿服务等，通过亲身体验将课堂所学转化为实践行动。

在智育并重的理念指导下，高校思想政治教育应注重培养学生的理性思维能力和解决问题的能力。高校思想政治教育者应通过优化教学内容和方法、加强实践教学等方式来提升学生的智育水平。

（三）体育、美育、劳动教育并重，全面发展

体育、美育和劳动教育是高校思想政治教育的重要载体和有效延伸，是“五育融合”育人体系的组成部分。全面发展理念强调体育、美育和劳动教育与德育、智育并重，认为这些方面的教育对于促进学生的全面发展具有重要意义。

1. 体育

体育是增强学生体质、培养健康生活方式的重要途径。通过体育，学生能够掌握基本的运动技能和健身方法，提高自己的身体素质和免疫力。体育还能够培养学生的团队合作精神和竞争意识等社会适应能力。高校思想政治教育者应注重体育课程的设置和体育教学内容的创新，为学生提供多样化的锻炼机会和资源。

2. 美育

美育是培养学生审美素养和创新能力的重要途径。通过美育，学生能够欣赏和理解艺术作品的美感与价值，提升自己的审美能力和文化素养。美育还能够激发学生的创造力和想象力。高校思想政治教育者应注重美育课程的设置和美育教学内容的创新，为学生提供多样化的艺术体验和学习机会。

3. 劳动教育

劳动是创造价值、实现自我价值的重要途径。通过劳动教育，学生能够了解劳动的意义和价值，形成正确的劳动观念和职业态度。劳动教育还能够培养学生

的实践能力和创新精神等综合素质。高校思想政治教育者应注重劳动课程的设置和教学内容的创新，为学生提供多样化的劳动实践机会和资源。

在体育、美育和劳动教育并重的理念指导下，高校思想政治教育应注重提升学生的综合素质。高校思想政治教育者应通过优化课程设置和教学内容、加强实践教学等方式来提升学生的体育、美育和劳动教育水平。高校思想政治教育者还应关注学生的个体差异和发展需求，为每个学生提供个性化的教育服务和支持。

三、全面发展理念在高校思想政治教育中的价值

全面发展理念强调人的综合素质全面提升与个性潜能的充分发挥，将其融入高校思想政治教育，既是落实立德树人根本任务的关键，也是应对时代挑战、培养社会主义建设者和接班人的必然要求。其价值主要体现在以下三个维度。

（一）促进个体全面成长：从“单一维度”到“立体塑造”

全面发展理念打破了传统教育中“重知识、轻素养”“重技能、轻品德”的片面桎梏，引领高校思想政治教育向“全人教育”的境界转型。

在知识结构的优化升级方面，通过跨学科课程的巧妙整合，如“人工智能 + 伦理”“数字经济 + 法治”等，助力学生构建起“专业核心 + 跨界融合”的 T 形知识结构。以清华大学“科技伦理”课程为例，该课程将技术前沿与人文思考巧妙融合，使学生既掌握技术工具，又具备敏锐的伦理判断力。

在能力体系的协同发展上，着重培养批判性思维、数字素养、协作领导力及全球胜任力等四大核心能力，通过辩论赛、数据可视化课程、小组项目、国际交流等多种途径，全面提升学生的综合素质。

在个性特长的精准培育上，建立“兴趣测评—导师指导—项目实践”的个性化发展路径，如浙江大学“求是创新计划”，为学生提供科研、创业、公益等多元发展轨道，使绝大多数参与者都能找到自身特长的发展方向。

（二）提升思想政治教育实效：从“单向灌输”到“双向赋能”

全面发展理念推动思想政治教育从单纯的“内容供给”向“价值共创”的转变，极大地增强了教育的针对性与吸引力。

在教育方法的创新实践上，情境化教学利用 VR 技术还原历史场景，如长征路线，让学生身临其境，增强情感共鸣；问题导向学习（problem-based learning，PBL）则引导学生围绕“乡村振兴”“碳中和”等现实议题展开探究式学习，激发学生的思考与探索；朋辈教育则通过组建学生理论宣讲团，用青年的话语传播

主流价值观，增强教育的亲和力与感染力。

在教育内容的动态更新上，构建起“核心课程 + 时代模块”的弹性课程体系，如复旦大学将“元宇宙治理”“ESG 理念”等前沿议题纳入思想政治选修课，确保教育内容与社会发展同步共进。

在评价体系的多元重构上，采用“过程性记录 + 增值性评价”模式，综合考量学生的课堂表现、社会实践、志愿服务等多个维度，如北京大学的成长档案系统，通过大数据分析为学生绘制出个性化的发展图谱。

（三）推动社会进步发展：从“人才供给”到“生态构建”

高校思想政治教育培养的人才，已成为驱动社会高质量发展的核心力量。

在人才战略支撑层面，据教育部统计，高校输送的复合型人才在战略性新兴产业中占比提高，成为科技创新与产业升级的中坚力量。以华为“天才少年”计划为例，入选者均具备跨学科背景与深厚的家国情怀。

在创新生态构建方面，思想政治教育激发的创新精神不断转化为实际生产力，以“互联网 +”大赛为例，获奖项目中的大多数团队将社会责任融入商业设计，如“盲人视觉辅助眼镜”项目，既解决了技术难题，又彰显了人文关怀。

在社会治理优化层面，毕业生在基层治理中充分发挥专业优势，如选调生群体通过智慧乡村服务平台推动数字政务，社工专业学生设计出社区养老互助模式，有效提升了社会治理的精细化水平。

综上所述，以全面发展理念引领思想政治教育创新，为高校思想政治教育注入了“以人为本”“与时俱进”的先进观念，构建起了“个人成长—教育变革—社会进步”的良性循环。未来，需进一步深化实践，强化价值引领，将社会主义核心价值观融入专业教育全过程；深化产教融合，联合企业开发“课程 + 实训 + 就业”一体化培养方案；拓展国际视野，通过引入国际案例、分析全球性论题，增强学生的跨文化理解力和大国担当精神。唯有如此，方能培养出既“仰望星空”又“脚踏实地”，既“扎根中国”又“胸怀天下”的新时代青年，为实现中华民族伟大复兴提供坚实的人才保障。

第四章　高校思想政治教育的模式

本章将探讨高校思想政治教育的模式构建，将明确模式构建的原则与内容。在原则方面，强调方向性、主体性、渗透性和实践性，确保教育方向的正确性，激发学生的内在潜能，实现全方位育人目标，并强化理论与实践的结合。在内容方面，涵盖理想信念、道德品质、法律法规和心理健康教育，旨在培养全面发展的社会主义建设者和接班人。在模式创新上，要求紧跟政策导向，顺应三全育人新趋势，坚守实效性标准。构建思路则包括更新教育理念、整合教育资源、创新教学方法、优化师资队伍、完善评价体系。通过适应新时代大学生需求，强化师生互动、融入时代元素、拓宽学习渠道、加强校际合作等多样化教学方法，培养学生的自主学习能力与合作学习能力，提升教学质量，确保教育效果。这些措施共同推动高校思想政治教育模式的创新与发展。

第一节　高校思想政治教育模式的原则与内容

在深入探索高校思想政治教育的模式构建时，明确其原则与内容无疑是奠定坚实基础的关键步骤。高校思想政治教育模式的原则不仅应体现时代特征，反映教育规律，还应紧密契合大学生的实际需求与思想特点；而内容则需全面覆盖思想政治教育的核心领域，确保教育的系统性和针对性，为培养德智体美劳全面发展的社会主义建设者和接班人提供有力支撑。

一、高校思想政治教育模式的原则

（一）方向性原则：坚守社会主义教育阵地

方向性原则作为高校思想政治教育模式的首要原则，其核心在于坚守社会主义教育阵地，确保教育方向的正确性。在经济全球化的时代背景下，各种思潮与价值观相互影响，为大学生带来了前所未有的文化冲击。在这一复杂多变的环境中，坚持方向性原则，引导大学生树立正确的世界观、人生观和价值观，对于培养具有坚定理想信念的社会主义建设者和接班人而言，具有不可估量的意义。

具体而言，方向性原则要求高校在思想政治教育过程中，必须旗帜鲜明地宣传马克思主义理论，将其作为指导思想贯穿教育的全过程。这不仅要求高校思想政治教育者具备扎实的马克思主义理论功底，能够深入浅出地阐释其基本原理和方法论，更要求高校思想政治教育者能够紧密结合时代特征，将马克思主义理论与现实生活紧密联系起来，使理论之树常青，焕发新的生机与活力。高校思想政治教育者应当善于运用马克思主义的立场、观点、方法，分析社会现象，解答学生疑惑，帮助学生在纷繁复杂的社会思潮中明辨是非，坚定立场。

高校还应加强党史、新中国史、改革开放史和社会主义发展史的教育。这些历史是中国特色社会主义道路形成和发展的生动写照，是坚定“四个自信”的重要基石。通过组织专题讲座、参观纪念馆、观看纪录片等多种形式，高校可以引导学生深入了解中国共产党领导人民进行革命、建设和改革的伟大历程，深刻认识中国特色社会主义的历史必然性，从而坚定中国特色社会主义道路自信、理论自信、制度自信、文化自信。这种历史教育不仅能够增强学生的民族自豪感和使命感，而且能够激发他们为实现中华民族伟大复兴的中国梦而努力奋斗的热情和动力。

此外，方向性原则还强调要拓宽大学生的国际视野，引导他们在尊重世界文明多样性的基础上，自觉维护国家主权、安全、发展利益。在经济全球化的今天，国际交流与合作日益频繁，大学生作为国家的未来和希望，必须具备开阔的国际视野和强烈的主权意识。高校应通过开设国际政治、国际关系等课程，以及组织国际交流活动等方式，拓宽学生的国际视野，增强他们的国际竞争力。高校还应加强对学生的爱国主义教育，培养他们的爱国情操和民族责任感。通过讲述国家的历史、文化和民族精神，激发学生的爱国热情，使他们能够自觉地将个人的理想追求融入国家和民族的发展之中。

在拓展大学生的国际视野的过程中，高校还应注重引导学生正确看待不同文明之间的差异和冲突，在尊重世界文明多样性的基础上，教育学生学会包容和理解不同文化背景下的思想和观念。高校还应加强国家安全教育，提高学生的国家安全意识，使他们能够自觉抵制各种形式的渗透和颠覆活动，维护国家的安全和稳定。

总之，方向性原则是高校思想政治教育模式的灵魂和基石。只有坚持方向性原则，才能确保高校思想政治教育的正确方向，培养出具有坚定理想信念、高尚道德品质、强烈国家意识、开阔国际视野的社会主义建设者和接班人。

（二）主体性原则：激发学生的内在潜能

思想政治教育模式的主体性原则是指在思想政治教育过程中，充分尊重受教育者的主体地位，激发其内在潜能，促进其全面发展。这一原则强调受教育者是思想政治教育的主体，而非被动接受知识的容器。高校思想政治教育者应引导受教育者积极主动地参与到思想政治教育活动中，发挥其主观能动性。

1. 促进自我成长

每个学生都有独特的天赋和潜力，激发学生的内在潜能能够让他们更好地认识自己，发现自己的优势和特长，从而实现自我成长和自我完善。思想政治教育不仅注重传授知识，而且注重激发学生的内在动力，使其在思想成长、学业进步、人格完善的过程中获得可持续发展的能力。

2. 增强学习动力

当学生意识到自己在学习中的主体作用，能够自主地探索和获取知识时，他们的学习动力会大大增强。内在潜能的激发能够让学生感受到学习的乐趣和成就感，从而更加积极主动地投入思想政治教育学习活动。比如，在探讨社会热点问题的思想政治教育课堂上，教师鼓励学生自主思考、发表观点，能够激发他们对社会热点问题的关注和思考，提高他们参与课堂学习的热情。

3. 培养创新精神

激发学生的内在潜能有助于培养他们的创新精神。当学生能够自由地表达出自己的想法和观点，发挥自己的创造力时，他们更有可能提出有效的解决方案和独特的见解。在思想政治教育活动中，教师鼓励学生从不同角度思考问题，挑战传统观念，能够培养他们的创新意识和创新能力。

（三）渗透性原则：实现全方位育人目标

渗透性原则的核心在于将思想政治教育的内容有机地融入高校教育教学的各个环节之中。这一原则倡导通过潜移默化的方式，使学生在汲取专业知识的同时，也能受到思想政治的熏陶与教育。它注重教育的隐蔽性和自然性，摒弃生硬的说教与灌输，力求让学生在无意识的状态下，逐渐形成正确的世界观、人生观和价值观。渗透性原则强调教育的“润物细无声”，让思想政治教育如春风化雨般滋养学生的心田。

1. 课程渗透

（1）学科融合机制创新

建立专业课程与思政元素的映射关系图谱，如在理工科课程中嵌入科技伦理、工匠精神等要素，在人文社科课程中强化家国情怀、法治意识等内容。

（2）教学方法改革不断深化

推行“问题导向 + 情境浸润”教学模式，通过项目式学习、角色扮演等沉浸式教学方法，引导学生在专业实践中体悟思想政治教育的内涵。例如，法学专业可采用模拟法庭教学，使学生在案件分析中理解公平正义的价值追求；艺术设计课程可结合乡村振兴主题创作，培育学生的社会担当意识。

（3）评价体系多维构建

建立“专业能力 + 思政素养”双维度评价标准，将课堂参与度、价值观表现等纳入过程性评价。开发课程思政效果诊断工具，运用大数据分析学生价值观的发展轨迹，形成动态反馈机制。

2. 活动渗透

（1）品牌活动体系化建设

构建“思想引领—能力提升—文化浸润”三级活动矩阵，打造“学术文化节”“社会创新周”“红色实践月”等品牌项目。例如，开展“科技报国”主题创新大赛，将专业实践与国家战略需求对接；组织“行走的思政课”社会实践，让学生在田野调查中感悟国情民情。

（2）活动设计精准化实施

建立学生需求画像系统，针对不同年级、不同专业特点，设计分层、分类活动方案。运用虚拟现实、增强现实等技术提升活动吸引力，如开发“重走长征路”VR 体验项目，增强红色教育的沉浸感。

（3）育人效果可视化呈现

构建活动育人效果评估模型，通过前后测对比、典型案例分析等方式量化活动成效。建立第二课堂成绩单制度，将活动参与情况转化为可积累的素质学分。

3. 环境渗透

（1）物理空间为文化赋能

打造“一院一品”文化景观，建设党史长廊、院士墙等特色育人空间。运用环境心理学原理设计空间布局，如在图书馆设置“红色经典阅读区”，在食堂布置“节约粮食”主题艺术展，形成潜移默化的教育场域。

（2）数字空间为智慧赋能

构建“云思政”资源平台，开发思政微课、虚拟展馆等数字产品。运用算法推荐技术实现精准推送，根据学生浏览习惯智能匹配教育内容。建立网络舆情监测预警系统，及时引导校园网络舆论方向。

（3）制度环境协同构建

完善“三全育人”制度体系，建立跨部门协同育人机制。制定《校园文化环境建设规范》，将思政元素融入校园景观、规章制度等各个方面。实施“环境育人质量提升工程”，定期开展育人环境建设成效评估。

4. 管理渗透

将思想政治教育纳入学生管理体系，通过日常行为规范、奖惩机制等方式，引导学生形成良好的行为习惯。加强与学生家长的沟通与合作，形成家校共育的良好局面，共同关注学生的成长和发展。

（四）实践性原则：强化理论与实践的结合

实践性原则强调思想政治教育要注重实践应用，通过组织学生参与各种社会实践活动，让学生在实践中锻炼能力、增长才干、提升素质。实践是检验真理的唯一标准，也是大学生思想政治教育的重要途径。通过社会实践，学生可以深入了解社会现实，增强社会责任感和使命感，提高解决实际问题的能力。

实践性原则的实施，要求高校在思想政治教育过程中注重理论与实践的结合。一方面，要加强实践教学的设计和组织。高校可以开设实验课、实训课等实践性课程，让学生在实践中掌握理论知识，提高动手能力；同时，还可以组织学生参加科研项目、创新创业实践等活动，培养他们的创新意识和实践能力。另一方面，要注重引导学生将理论知识转化为实践能力。高校可以组织学生参加社会实践和志愿服务活动，让他们在实践中运用所学知识，解决实际问题。例如，学生可以参加社区服务、支教活动等，将所学的教育理论知识应用于实际教学中，提高课堂教学能力和社会实践能力。通过这些实践活动，学生不仅可以加深对理论知识的理解，还可以增强社会责任感和使命感，为未来的职业生涯发展奠定坚实基础。

二、高校思想政治教育模式的内容

（一）理想信念教育：铸就坚定的信仰基石

理想信念教育是高校思想政治教育的核心内容之一，旨在引导大学生树立正确的世界观、人生观和价值观，坚定中国特色社会主义理想信念。理想信念是人生的精神支柱和动力源泉，对于大学生的成长成才具有至关重要的作用。

在理想信念教育过程中，高校应注重培养学生的爱国情怀和社会责任感，通过组织学生参观爱国主义教育基地、开展主题教育活动等方式，激发学生的爱国热情。例如，高校可以组织学生参观革命纪念馆、历史博物馆等爱国主义教育基地，让他们亲身感受革命先烈的伟大精神，增强民族自豪感和使命感；同时，还可以开展“我和我的祖国”等主题教育活动，引导学生关注国家发展大局，积极投身社会实践，为实现中华民族伟大复兴的中国梦贡献自己的力量。

此外，高校还应加强马克思主义理论教育，引导学生深入理解马克思主义的基本原理和方法论，可以通过开设马克思主义基本原理概论、毛泽东思想和中国特色社会主义理论体系概论等课程，系统讲授马克思主义的基本理论观点和方法论原则。同时，还可以组织学术讲座、研讨会等活动，邀请专家学者为学生解读马克思主义经典著作和当代马克思主义理论成果，帮助学生深化对马克思主义的理解和认识。

（二）道德品质教育：塑造高尚的人格魅力

道德品质教育是高校思想政治教育的重要组成部分，旨在培养大学生形成良好的道德品质和行为习惯，提高他们的道德素养和社会公德心。道德品质是一个人的立身之本，对于大学生的个人品德和社会形象具有至关重要的影响。

在道德品质教育的过程中，高校应注重培养学生的诚信意识和责任感。诚信是人际交往的基石，也是社会和谐稳定的重要保障。高校可以通过组织诚信教育活动、开展道德教育讲堂等方式，引导学生树立正确的道德观念，进而规范行为。例如，可以开展“诚信考试”活动，要求学生严格遵守考试纪律，自觉维护考试的公平性和公正性；可以举办“道德大讲堂”活动，邀请道德模范和先进人物为学生讲述他们的感人事迹，激发学生的道德情感和道德追求。

（三）法律法规教育：增强法治意识和法律素养

法律法规教育是高校思想政治教育不可或缺的一部分，旨在培养大学生的法律意识和法治观念，提高他们的法律素养和遵纪守法意识。在法治社会建设过程中，法律法规教育对于培养学生的法治精神、维护社会稳定具有重要意义。

在法律法规教育过程中，高校应注重培养学生的法律意识和法治思维。通过开设法律基础课程、举办法律讲座等方式，引导学生了解国家法律法规的基本内容和精神实质。例如，可以开设关于《中华人民共和国宪法》《中华人民共和国民法典》《中华人民共和国刑法》等基础法的课程，让学生系统学习法律知识；可以邀请法官、律师等法律专业人士来校举办讲座和研讨会，为学生提供法律实务知识；可以利用模拟法庭、法律辩论会等活动形式，让学生在实践中深化对法律知识的理解，进而自觉守法，提升法律素养。

高校还应加强校园法治文化建设，营造学法守法用法的良好氛围。校园法治文化建设，可以通过各种形式的活动和宣传手段来传递法治精神、弘扬法治文化。例如，可以开展法治文化节活动，通过展览、演出、讲座等多种形式展示法治成果、普及法律知识；可以设置法治宣传栏和法治教育角，定期更新法律知识、发布法治动态；可以组织学生参与法治志愿服务活动，如法律援助、普法宣传等，让学生在实践中增强法治意识和法律素养。

（四）心理健康教育：促进身心和谐与全面发展

心理健康教育是高校思想政治教育的重要组成部分，旨在培养大学生形成健康的心理素质和良好的心理状态，提高他们的心理适应能力和自我调适能力。在快速发展的社会中，大学生面临着学业、就业、人际关系等多方面的压力和挑战，心理健康教育对于促进他们的身心和谐与全面发展具有重要意义。

在心理健康教育过程中，高校应注重培养学生的自我认知能力和情绪管理能力，通过开设心理健康教育课程、开展心理辅导和咨询，引导学生了解自己的心理特点和需求，学会调节自己的情绪和行为。例如，可以开设大学生心理健康教育、情绪管理等相关课程，系统讲授心理健康知识和情绪管理技巧；可以建立心理咨询中心或心理辅导站，为学生提供专业的心理咨询和心理辅导服务；可以组织心理健康讲座和心理沙龙等活动，让学生在轻松愉快的氛围中交流心得、分享经验。

高校还应加强校园心理健康服务体系建设，为学生提供及时、有效的心理支持和帮助。校园心理健康服务体系是心理健康教育的重要保障和支持平台，它可以通过多种形式的服务和资源来满足学生的心理健康需求。例如，可以建立心理健康档案系统，记录学生的心理状况和发展变化；可以完善心理危机干预机制，对存在心理问题的学生进行及时干预和辅导；可以开展心理健康教育和宣传活动，提高学生的心理健康意识和自我保健能力。这些措施的实施，可以有效地促进学生的心理健康发展，为他们的全面成长奠定坚实基础。

第二节　高校思想政治教育模式创新的要求

高校思想政治教育模式的创新是顺应新时代发展潮流、提升育人质量的重要举措。在实现高校思想政治教育模式创新性发展的过程中，应紧密围绕政策导向、现实需求和原则规范，确保创新举措既契合国家政策要求，又贴近学生生活实际。以下将从政策要求、时代要求和质量要求三个维度，深入阐述高校思想政治教育模式创新的具体要求。

一、政策要求：紧跟课程建设步伐，强化政策引领力

高校应深入贯彻教育部颁布的《高等学校课程思政建设指导纲要》等文件精神，将思想政治教育的精髓有机融合于各类课程教学之中，实现全员参与、全程覆盖、全方位育人的目标。为此，需制订详细的课程思政实施方案，明确各门课程在思想政治教育中的具体职责与任务，确保政策要求得以有效落实。

要加强政策解读与培训力度，组织教师参加课程思政专题培训，提升教师对政策要求的深刻理解与准确把握能力，确保能够精准传达思想政治教育内容。此外，建立政策解读长效机制，及时解答教师在课程思政实施过程中遇到的疑难问题，为教学创新提供坚实的政策保障。

为激发教师的创新热情，高校应完善政策激励机制，设立课程思政教学奖励基金，对在课程思政建设中表现优异的教师给予表彰与奖励；将课程思政建设成效纳入教师绩效考核体系，作为职称评定、岗位晋升的重要依据，从而形成政策导向下的强大创新动力。

二、时代要求：顺应网络育人新趋势，拓展教育新阵地

面对信息时代的挑战，高校应深入研究学生的思想行为特征，把握网络育人的新规律与新趋势，为教学创新提供明确的方向指引。要密切关注网络热点话题和舆论动态，及时将思想政治教育内容融入网络空间，增强教育的针对性与实效性。

为构建网络育人新平台，高校应充分利用新媒体技术，打造集思想引领、文

化交流、服务管理于一体的多元化网络育人平台。要加强网络育人平台的内容建设，提供优质的思想政治教育资源，开展丰富多彩的线上线下互动活动，形成网络育人的强大合力。

此外，还要提升教师的网络素养与育人能力，加强教师网络素养培训，提升教师运用网络工具开展思想政治教育的水平。鼓励学生积极参与网络育人实践，提升学生的网络自律意识与网络文明素养，共同营造师生共同参与的网络育人新格局。

三、质量要求：坚守实效性标准，确保创新取得显著成效

为确保高校思想政治教育模式创新的实效性，应制订明确的实效性评估标准，涵盖学生思想政治素质提升、教育教学方法改进、教育资源配置优化等多个方面。同时，要将实效性标准贯穿于创新的全过程，确保创新工作有的放矢，取得实实在在的效果。

在创新过程中，要加强过程管理与监督力度，建立创新工作台账，对创新项目的实施进度、经费使用、成果产出等进行全程跟踪管理。定期开展创新工作检查与评估活动，及时发现问题并督促整改落实，确保创新工作按质按量完成。

此外，还要注重成果总结与推广工作，对创新成果进行及时的总结与提炼，形成可复制、可推广的经验模式。通过召开现场会、发布案例集等多种方式，将创新成果向其他高校进行推广，推动高校思想政治教育模式创新的整体发展进程。

在创新过程中，应始终坚持以学生为中心的原则，充分尊重学生的主体地位和个性差异。要遵循教育规律和学生成长规律，确保创新工作符合教育教学实际和学生发展需求。此外，还要加大师德师风建设力度，确保教师在教学创新过程中发挥示范引领作用，传递正能量。

第三节　高校思想政治教育模式构建的思路

高校思想政治教育模式的构建是一个系统工程，需要教育理念、教学内容与方法、师资队伍、评价体系等多方面的协同推进。通过更新教育理念、创新教学内容与方法、强化实践育人、优化师资队伍和完善评价体系等措施，可以有效提升高校思想政治教育的质量和水平。未来，随着信息技术的不断发展和社会的深

刻变革，高校思想政治教育模式将继续面临新的挑战和机遇。高校应紧跟时代步伐，不断探索符合时代要求的高校思想政治教育模式，为培养德智体美劳全面发展的社会主义建设者和接班人做出更大贡献。

一、紧跟时代步伐，更新教育理念

（一）适应时代要求，转变教育模式

近年来，大学生的思想观念和价值取向经历了显著变迁，展现出对个性化发展的强烈诉求，以及对独立思考与自主判断的深切追求。这一转变对传统灌输式教育模式提出了挑战，促使高校思想政治教育必须与时俱进，更新教育理念，以满足新时代大学生的实际需求。

高校思想政治教育者还需充分关注学生的个体差异与全面发展需求，实施因材施教的教学策略。鉴于不同学生具有不同的兴趣与特长，高校思想政治教育者应依据学生的实际情况，提供个性化的教育服务。例如，对于对政治理论有浓厚兴趣的学生，可鼓励其参与学术讲座、研讨会等活动；而对于实践能力较强的学生，则可组织他们参与社会实践、志愿服务等活动，以锻炼其实际操作能力，帮助他们实现全面发展。

（二）强化师生互动，构建和谐师生关系

1. 教学理念的范式转换：由“知识传递”转向“价值共建”

要实现教学理念的范式转换，应先确立“双主体”教育观，强调师生在教学活动中的平等地位。教师角色发生转变，他们不再是单向的讲授者，而是转变为价值的引领者。通过启发式、探究式等多元化教学方法，教师引导学生主动思考，激发其内在的学习动力。

苏格拉底式对话实践在这一转换中得以广泛应用，如在“马克思主义基本原理”等课程中设置命题辩论环节，如“技术异化与人的自由”等议题，通过问答交锋，深化学生对理论的理解。经验共享型课堂教学模式也应运而生，鼓励学生分享乡村振兴实践中的思想政治感悟，如驻村调研案例等，将社会现实融入理论教学之中。

与此相伴的是师生权利关系的解构与重构。高校可以通过制定师生共同遵守的课堂议事规则的方式，确保每位师生都享有平等的发言权，如“每人 3 分钟发言 +1 分钟回应”的规则。课程共建计划也得以实施，邀请学生参与教学大纲的

设计，如增设“人工智能伦理”等专题，通过问卷调研、焦点小组等多种形式了解学生的现实需求。此外，还可以建立教学反馈快速响应系统，实行“即时评价—周反馈—月调整”机制，如通过课堂教学扫码实时收集学生对案例教学的改进建议，确保教学质量持续提升。

2. 互动机制的立体化构建：线上线下深度融合

在线下互动场景的创新方面，可以设置导师下午茶制度，每月在固定时间开展非正式交流，如“咖啡 + 哲学”主题活动，营造轻松愉悦的对话氛围。行走的思想政治课也成为一大亮点，在红色教育基地设计情境任务，如组织“重走挑粮小道”角色代入活动，增强学生的历史体验感。师生成长共同体也得以组建，跨年级的理论学习小组应运而生，如“青年马克思主义者研习社”等，促进师生之间的思想碰撞与交流。

在线上互动平台的升级方面，可以打造思想政治教育云社区，设置“时政热点辩论区”等栏目，如“生成式人工智能对意识形态的影响”等议题，通过积分奖励机制激励学生积极参与。VR 历史情境课堂教学也得以开发，如“五四运动现场”等虚拟场景，让学生以第一视角了解历史事件，增强学习的沉浸感与实效性。此外，还可以设置 24 小时思想树洞，配备人工智能心理咨询师与授课教师双通道，为学生提供即时的情绪疏导与价值观引导。

3. 关系维度的深度拓展：认知与情感双轮驱动并进

在认知层面的双向建构方面，可以设置双周读书会活动，师生共读《资本论》等经典著作，通过“批注漂流本”等形式交换思想观点，如标注“剩余价值理论在当代的适用性”等议题。在“角色互换教学日”活动中，学生主持专题研讨，教师以参与者身份提问，促进师生之间的平等对话与交流。思想成长档案也得以建立，利用区块链技术记录师生互动轨迹，如辩论贡献度、实践参与度等，生成个性化发展报告，为学生提供全面的成长记录与反馈。

在情感维度的有效联结方面，可以实施成长导师制，为每个学生配备导师，通过“入学适应—学业规划—职业发展”全周期指导，建立深厚的信任纽带。师生联合社会实践已成为常态，共同参与乡村振兴等项目，如设计“非遗 + 电商”助农方案等，在实践中增强团队协作意识。师生创意工作坊也得以开展，合作完成思想政治教育作品，如短视频《青年眼中党的二十大》等，通过创意协作来增强师生的信任感与凝聚力。

为确保上述创新实践的有效实施与效果评估，应制订完善的保障措施，将师生互动纳入教师考核体系，设立“最佳互动课程设计奖”等奖项。同时，还应开发师生互动数据分析平台，实时监测参与度与情感倾向等关键指标。在效果评估方面，采用柯氏四级评估模型，从反应层（满意度）、学习层（知识掌握）、行为层（实践应用）、结果层（价值观内化）等维度综合考量创新实践的成效。

通过以上多维度的创新实践与探索，构建“认知共鸣—情感联结—价值共生”的师生关系新生态，推动高校思想政治教育从“单向灌输”向“双向赋能”的转型与发展。

（三）融入时代元素，丰富教育内容

思想政治教育内容应当与时俱进，不断融入新的时代元素，以满足新时代大学生的多元化需求。高校作为思想政治教育的主阵地，应当加强对马克思主义中国化最新成果的学习和研究，特别是将习近平新时代中国特色社会主义思想融入思想政治教育中。通过系统的教学和引导，使学生深刻认识到中国特色社会主义的历史必然性，坚定道路自信、理论自信、制度自信、文化自信，为他们的成长成才奠定坚实的思想基础。

与此同时，高校还应密切关注社会热点问题，将时事政治、国际关系、科技发展等前沿内容有机融入思想政治教育中。通过组织专题讲座、研讨会、观看纪录片等多种形式，让学生及时了解国内外形势，增强他们的国家意识，培养他们的全球思维和战略眼光。

此外，高校还应充分挖掘中华优秀传统文化的深厚底蕴，将革命文化和社会主义先进文化融入思想政治教育之中。通过组织丰富多彩的文化活动、参观革命历史纪念馆和实践基地等方式，让学生亲身感受中华文化的博大精深和革命精神的伟大力量，激发他们的爱国热情和民族自豪感，培养他们的文化自信和价值观认同。

二、整合教育资源，优化教育环境

（一）充分利用校内的教育资源，拓宽学习渠道

高校应当充分利用校内的各种教育资源，如图书馆、博物馆、实验室等，为学生提供丰富的学习和实践机会。图书馆是学生获取知识的重要场所之一，高校应当加强图书馆建设和管理工作，丰富馆藏资源、优化阅读环境、提高服务质量；博物馆是展示人类历史文化和科技成果的重要窗口之一，高校应当加强与博物馆的合作与交流，组织学生参观学习、开展实践活动等；实验室是培养学生实践能

力和创新精神的重要平台之一，高校应当加强实验室建设和管理工作，更新实验设备、完善实验课程体系、加强实验指导教师队伍建设等。

（二）加强校际合作与交流，实现资源共享

高校之间应当加强合作与交流，实现资源共享和优势互补。通过组织校际学术研讨会、联合开发科研项目等方式，增进高校之间的了解和信任；通过互派教师访学、学生交换等方式，拓宽师生的视野；通过共享图书馆资源、实验室设备等方式，提高资源利用效率和服务水平。

高校还应当积极寻求与企业和社会组织的合作与交流。通过与企业建立合作关系，为学生争取实习实训和就业机会；通过与社会组织开展合作项目等方式，拓宽学生的社会实践渠道和志愿服务领域。这些合作与交流不仅有助于提高学生的综合素质和实践能力，还有助于促进高校与社会的深度融合和共同发展。

（三）营造积极向上的校园文化氛围

校园文化作为高校思想政治教育的重要载体，对于塑造学生的价值观念、提升学生的文化素养与社会责任感具有不可替代的作用。因此，高校应当高度重视校园文化建设，致力于营造一种积极向上、健康有序的校园文化氛围，为学生的成长成才提供有力支撑。

具体而言，高校可以通过组织多种形式的校园文化活动来丰富学生的课余生活，拓宽他们的视野，提升他们的文化素养。例如，定期举办文化艺术节活动，让学生展示他们的艺术才华，培养他们的审美情趣；开展科技文化节，激发学生的科技创新意识，提高他们的实践能力。这些活动不仅能够增强学生的综合素质，而且能够促进校园文化的繁荣与发展。

高校还应积极组织学生参与志愿服务活动，如支教、社区服务等。通过实践活动让学生深入社会、了解国情，增强他们的社会责任感和使命感。这些志愿服务活动不仅能够帮助学生将所学知识应用于实际，而且能够培养他们的奉献精神和团队合作意识。

三、创新教学方法，提高教学效果

（一）采用多样化教学方法，激发学生的学习兴趣

教学方法的创新，无疑是提升高校思想政治教育效果的关键一环。传统的单一讲授式教学方法，往往难以充分调动学生的学习兴趣与主动性。因此，高校

思想政治教育者有必要探索并实践多元化的教学方法，以构建一个更为生动、互动且高效的教学环境。以下是对几种可能有效的教学策略及其详细实施路径的探讨。

1.PBL 教学：以思考引领学习，培养批判性思维能力

首先，教师在实施此策略时，可以尝试提出开放性问题。这些问题应具备启发性、争议性和现实意义，如“在经济全球化浪潮中，我们如何有效抵御西方意识形态的渗透”“在人工智能飞速发展的今天，劳动的价值将如何被重新界定”，此类问题旨在激发学生的好奇心与探索欲。

其次，教师可以引导学生展开自主探究，鼓励学生通过查阅相关文献、进行实地调查、组织小组讨论等多种方式，自主探寻问题的答案。这一过程不仅有助于培养学生的信息收集与处理能力，而且可以促进其批判性思维和问题解决能力的全面提升。

最后，教师可以要求学生将探究成果整理成研究报告或解决方案，并在课堂上进行答辩展示。这既是对学生学习成效的一种检验，也是提升其表达能力和自信心的宝贵机会。

总之，PBL 教学能够推动学生从被动接受知识的角色转变为主动建构知识的主体，强化其问题意识与思辨能力，从而培养出具备独立思考能力和创新精神的高素质人才。

2. 技术赋能教学：数字化工具助力教学效率提升

在技术日新月异的今天，可以尝试利用数字化工具来赋能教学。通过“学习通”“雨课堂”等智慧课堂平台，实现课前预习、课中测验、课后反馈的全流程管理。这些平台不仅可以提高教学效率，还可以为学生提供更加便捷、灵活的学习方式。

大数据分析技术的应用也为教学方法创新提供了新的思路。通过深入分析学生的学习行为、知识掌握程度等信息，可以更精准地定位教学的重点和难点，为个性化教学提供有力依据。这有助于教师及时调整教学策略，满足学生的不同学习需求。

（二）注重理论与实践相结合，增强实践能力

理论与实践相结合，作为提升高校思想政治教育实效性的核心路径，其重要性不言而喻。高校思想政治教育者需深刻认识到，将抽象的理论知识融入具体的实践活动之中，不仅能够激发学生的学习兴趣，而且能够有效地锻炼学生的实际操作能力。

首先，高校思想政治教育者应精心设计并组织多样化的社会实践活动和特色实践项目。例如，在社区文化共建方面，可以具体策划“社区文化节”等社会活动，让学生负责活动的整体构思、流程安排及现场组织，从而锻炼他们的组织协调能力和创新思维能力；同时，布置公益宣传栏设计等任务，引导学生将美学理念与社会公益相结合，既传播正能量，又提升他们的审美水平和设计技能。

其次，融入国家战略需求，如乡村振兴主题实践，这是理论与实践相结合的又一重要方向。高校思想政治教育者可引导学生深入乡村了解当地的实际需求，让学生运用所学的市场营销、视觉传达等知识，为农产品打造具有吸引力的品牌形象；在乡村旅游路线规划上，可鼓励学生结合乡村的自然风光、文化底蕴等元素，设计出既符合市场需求又具有特色的旅游线路，从而在实践中培养他们的社会责任感和创新意识。

再次，创新模拟政协等制度化实践平台，也是增强学生实践能力的有效途径。通过组织学生针对社会治理难点问题进行调研分析，如对环境污染、教育公平等议题展开分析，引导学生深入社会、了解民情，撰写出具有针对性和可行性的模拟提案。随后，通过模拟政协会议的形式，让学生参与提案的答辩过程，这样不仅能够深化他们对政治理论的理解，还能锻炼他们的公共演讲能力和辩论能力。

最后，为确保实践活动的有效性和针对性，高校思想政治教育者必须加强对学生的实践指导，并完善评价反馈机制。在实践活动中，教师可联合行业专家，组成专业的导师团队，为学生提供项目化的指导和技术支持，确保实践活动的顺利进行。学生在实践结束后，应通过成果展示会等形式，全面展示理论知识的应用成果；同时，开展反思工作坊，采用学生自评、小组互评、教师点评相结合的多元化评价方式，对团队协作、问题解决等关键维度提出具体的改进建议。如此，高校思想政治教育便形成了一套“实践—反馈—优化”的闭环培养体系，不断推动学生实践能力的持续提升。

综上所述，通过强化文化浸润与社会治理参与、融入乡村振兴等国家战略需求、创新模拟政协等制度化实践平台、构建多元化评价体系等举措，高校思想政治教育者能够有效地将理论知识与实践活动相结合，不仅避免了与原有实践形式的重复，还进一步深化了实践育人的内涵，为培养具有创新精神和社会责任感的高素质人才奠定了坚实基础。

（三）培养学生的自主学习能力和合作学习能力

自主学习能力和合作学习能力是新时代学生必备的重要能力。高校思想政治教育者应当注重培养学生的自主学习能力和合作学习能力，以提高他们的综合素质和竞争力。例如，在思想政治课中，教师可以引导学生主动查找资料、思考问题并撰写论文，培养他们的自主学习能力；可以组织学生开展小组讨论或合作学习等活动，培养他们的合作学习能力等。

同时，高校思想政治教育者还应当注重为学生提供丰富多样的学习资源，以满足他们自主学习和合作学习的需求。例如，可以建设在线学习平台，为学生提供便捷、高效的学习途径；可以建立学习小组或社团等组织，为学生提供合作学习和交流互动的平台等。

1. 培养学生自主学习能力的策略

（1）提升兴趣，激发内在动力。教师应通过多样化的教学方法和手段，如情境教学、游戏化教学等，激发学生对学科的兴趣和好奇心，使其产生内在的学习动力。当学生对学习内容产生浓厚的兴趣时，他们更可能主动探索、深入学习。

（2）设定明确的学习目标。帮助学生设定短期和长期的学习目标，让他们清楚地了解自己所需要取得的学习效果。明确的目标可以为学生提供方向，增强他们的学习动力。

（3）提供丰富的学习资源。教师应为学生提供多样化的学习资源，包括图书、网络课程、实验器材等，以满足不同学生的学习需求；同时，鼓励学生利用这些资源进行自主学习，培养其独立获取和处理信息的能力。

（4）引导学生反思与总结。教师应引导学生定期反思自己的学习过程和学习成果，总结学习方法和经验。通过反思与总结，学生可以更好地了解自己的学习情况，发现不足之处，并调整学习策略，提高自主学习能力。

2. 培养学生合作学习能力的策略

（1）鼓励小组合作学习。教师应根据教学内容和学生特点，组织学生进行小组合作学习。在小组中，学生可以相互帮助、交流思想、共同解决问题，增强合作意识和团结协作能力。

（2）引导有效沟通。在合作学习过程中，教师应引导学生学会有效沟通，包括倾听他人意见、表达自己的观点、协调分歧等。良好的沟通是成功合作的关键，也是提升社交技能的重要途径。

（3）组织讨论与实践活动。通过组织讨论、辩论、项目实践等活动，让学生在实际操作中感受合作的力量。这些活动不仅可以锻炼学生的合作能力，还可以提高他们的思维能力和解决问题的能力。

（4）建立评价体系。建立合理的评价体系，对学生的合作学习成果进行客观、公正的评价。评价应关注学生在合作过程中的表现，如参与度、协作能力、沟通能力等，以激励学生积极参与合作学习，不断提高他们的合作能力。

四、师资队伍优化：提升教学质量

（一）加强思想政治理论课教师队伍建设

思想政治理论课教师是高校思想政治教育的骨干力量，其素质与能力直接关系到思想政治教育工作的成效。高校应按照“政治要强、情怀要深、思维要新、视野要广、自律要严、人格要正”的全方位要求，全面加强思想政治理论课教师队伍建设。

1. 提高教师的政治素质和业务能力

高校应高度重视思想政治理论课教师的政治素质和业务能力提升，通过系统化、常态化的培训机制，促进教师的全面发展。具体而言，高校应定期组织教师参加政治理论学习班，深入学习党的最新理论和路线方针政策，增强教师的政治敏锐性和鉴别力，确保他们在教学中能够准确把握政治方向，引导学生树立正确的世界观、人生观和价值观。同时，高校还应积极鼓励教师参加进修、学术交流等活动，拓宽他们的学术视野，提升他们的业务能力和教学水平。通过举办教学研讨会、观摩课等活动，促进教师之间的经验交流与分享，提高他们的授课技巧和表达能力，使思想政治理论课更加生动、有趣，更易于被学生接受和理解。

2. 建立健全激励机制

为了激发思想政治理论课教师的工作积极性和创造力，高校应建立健全科学合理的激励机制。一方面，高校可以设立教学奖励基金，对在思想政治理论课教学中表现突出的教师进行表彰和奖励，以资鼓励。另一方面，高校还应注重教师的科研成果奖励，对在思想政治教育领域取得显著科研成果的教师给予物质和精神上的双重激励。此外，高校还应关注教师的职业发展和晋升渠道建设，为他们提供更多的发展机会和空间，如推荐优秀教师参加国内外学术会议、攻读更高层次的学位等，以进一步提升他们的专业素养和综合能力。

3. 加强师德师风建设

师德师风是教师的灵魂，直接关系到教师的形象和声誉，也直接影响到思想政治教育的效果。高校应加强师德师风建设，引导思想政治理论课教师树立正确的教育观念和职业道德。首先，高校应制定完善的师德师风规范，明确教师的行为准则和职业操守，加强对教师的职业道德教育和监督管理。其次，高校还应定期开展师德师风教育活动，通过专题讲座、案例分析等形式，引导教师深刻认识师德师风的重要性，自觉践行高尚的师德师风。最后，高校还应注重培养教师的社会责任感和使命感，鼓励他们积极参加社会公益活动和志愿服务活动，以实际行动践行社会主义核心价值观，为学生树立榜样。这些措施的实施，可以进一步提升思想政治理论课教师的师德师风水平，为高校思想政治教育工作的顺利开展提供有力保障。

（二）推动专业课教师与思想政治课教师协同育人

专业课教师在高校思想政治教育中同样发挥着重要作用。高校应推动专业课教师与思想政治课教师之间的协同育人工作，鼓励专业课教师在传授专业知识的同时，注重对学生进行思想政治教育。

1. 促进跨学科的教学研讨与合作

高校应组织跨学科的教学研讨活动，促进专业课教师与思想政治课教师之间的交流与合作。通过共同开展教学研讨、教学观摩等活动，使专业课教师了解思想政治课的教学内容和要求，思想政治课教师了解专业课的教学特点和需求。通过这种跨学科的交流与合作，推动专业课与思想政治课之间的有机融合和协同发展。

2. 推动课程思政建设

高校应推动课程思政建设，将思想政治教育融入专业课程教学中。通过挖掘专业课程中的思想政治元素和价值引领点，将思想政治教育与专业知识教学有机结合起来。通过课程思政建设，使学生在掌握专业知识的同时，接受思想政治教育和价值引领，实现知识传授与价值引领的有机结合。

3. 加强教师的协同育人意识

高校应加强教师的协同育人意识，引导教师树立正确的教育观念和育人理念。通过组织教师培训、开展教学观摩等活动，使教师了解协同育人的重要性和必要性。同时，还应注重培养教师的团队协作精神和沟通能力，促进专业课教师与思想政治课教师之间的紧密合作和协同发展。

五、评价体系完善：确保教育效果

（一）建立科学的思想政治教育评价体系

高校作为培养社会主义建设者和接班人的重要阵地，应建立科学的思想政治教育评价体系，以全面、客观地评价学生的思想政治素质，促进思想政治教育工作的持续改进和优化。这一评价体系应涵盖理论知识掌握程度、思想道德品质表现、社会实践能力等多个维度，确保评价的全面性和准确性。

1. 制订科学合理的评价指标和标准

高校应深入研究思想政治教育的本质要求和目标定位，制订科学合理的评价指标和标准。评价指标应全面覆盖思想政治教育的各个方面，包括：理论知识掌握程度，即学生对马克思主义理论、中国特色社会主义理论体系等核心内容的理解和应用；思想道德品质表现，如学生的诚信意识、社会责任感、团队协作精神等；社会实践能力，涉及学生在社会实践活动中展现出的组织协调能力、问题解决能力和创新思维能力等。评价标准应具有可操作性和可衡量性，能够客观、公正地反映学生的思想政治素质状况，为教育教学提供科学依据。

在制订评价指标和标准时，高校还应充分考虑不同年级、不同专业学生的特点和需求，实现评价的个性化和差异化。例如，对于低年级学生，可以侧重基础理论知识的考核；对于高年级学生，则可以更多地关注其社会实践能力和思想道德品质的综合表现。

2. 注重评价结果的反馈与运用

在思想政治教育评价体系中，评价结果的反馈与应用占据着举足轻重的地位。高校应当构建起一套定期公布评价结果的制度体系，确保学生及教师能够及时获知其在思想政治教育领域的表现及进步状况。通过组织教学反馈会议、开展一对一交谈、召开座谈会等多种途径，深入了解学生的学习诉求及思想变化，为教学改革的推进提供支撑。

高校还需依据评价结果，适时对教学策略与方法进行调整与优化。针对学生在理论知识掌握程度、思想道德品质表现、社会实践能力等方面所暴露出的问题与不足，采取具有针对性的改进措施与优化策略。例如，可加大相关课程的授课力度，强化实践应用，以提升学生的理论素养及实践能力；或通过策划专题教育活动、加强心理健康教育等手段，引导学生形成正确的世界观、人生观、价值观。

3. 推动评价体系的多元化发展

随着社会的不断发展和变化，传统的单一评价方式已难以满足思想政治教育工作的需求。因此，高校应推动评价体系的多元化发展，注重不同评价方式和手段的结合运用。

除了传统的考试评价，高校还可以采用课堂表现评价、社会实践评价、志愿服务评价等多种评价方式。课堂表现评价可以关注学生在课堂上的参与度、发言质量、作业完成情况等方面；社会实践评价则可以考查学生在社会实践活动中展现出的组织协调能力、问题解决能力和创新思维能力等；志愿服务评价则可以关注学生的社会责任感、团队协作精神和服务质量等方面。综合运用多种评价方式，可以更加全面、准确地反映学生的思想政治素质状况。

同时，高校还应积极探索和运用现代信息技术手段，如大数据、人工智能等，提高评价工作的效率和准确性。通过对学生学习数据的收集和分析，可以更加深入地了解学生的学习需求和思想动态，为教学改进提供有力支持。

综上所述，建立科学的评价体系对于促进高校思想政治教育工作的持续改进和优化具有重要意义。高校应制定科学合理的评价指标和标准、注重评价结果的反馈与运用、推动评价体系的多元化发展，为培养德智体美劳全面发展的社会主义建设者和接班人提供有力保障。

（二）强化过程性评价与结果性评价的结合

在思想政治教育评价体系的构建中，过程性评价与结果性评价的深度融合是不可或缺的环节。过程性评价侧重对学生学习过程中的态度、参与度、合作行为等表现进行持续观察与评估，结果性评价则聚焦于学生知识掌握、道德品质提升等静态成果的考量。两者相辅相成，共同构成全面、立体的评价体系。

1. 注重过程性评价的精细化实施

高校应深入实施过程性评价，将评价延伸至学生学习的各个环节。具体而言，可通过课堂即时反馈、小组讨论记录、作业深度批改等方式，精准捕捉学生在学习态度等方面的细微变化。利用现代信息技术手段，如在线学习平台的数据追踪功能，实现对学生学习过程的实时监控与分析，为过程性评价提供更为客观、全面的数据支持。此外，高校还应注重培养学生的自主学习能力和创新思维能力，通过设计开放性、探究性的学习任务，引导学生积极参与课堂讨论和社会实践活动，并在过程中展现其独特的学习风貌和成长轨迹。

2. 强化结果性评价的导向与激励功能

结果性评价是对学生学习成果的检验，也是对教学策略和方法进行调整的重要依据。高校应精心设计考试内容，确保考试成绩能够全面、准确地反映学生对思想政治理论知识的掌握程度；通过社会实践报告、志愿服务证书等多元化评价材料，综合考量学生在思想道德品质提升、社会责任感培养等方面的实际成效。结果性评价的结果可作为评优评先、奖学金评定、推荐就业的重要依据，以此激励学生积极地投身于思想政治教育的学习与实践之中。此外，高校还应根据结果性评价的反馈，及时调整教学策略和方法，优化教学内容和形式，以适应学生个性化发展的需求。

3. 实现过程性评价与结果性评价的有机衔接与互动

过程性评价与结果性评价并非孤立存在的，而是相互依存、相互促进的。高校应构建两者之间的有机衔接机制，确保评价体系的连贯性和一致性。具体而言，可将过程性评价的结果作为结果性评价的参考依据，如在考试命题中融入学生在课堂讨论中的观点表达、在实践活动中展现的能力素质等元素。同时，结果性评价的反馈也应为过程性评价提供指导方向，如教师针对学生在考试中暴露出的知识盲点或能力短板，在后续的教学过程中加强相关内容的讲授和训练。此外，高校还应鼓励教师和学生共同参与评价过程，形成评价主体之间的良性互动，促进评价体系的不断完善和发展。

第五章　高校思想政治教育的机制

本章旨在深入探讨高校思想政治教育的机制构建，以推动高校思想政治教育工作的系统化、规范化和科学化。首先，聚焦于高校思想政治教育管理机制的探索，分析如何构建高效、协同的管理体系，确保思想政治教育工作的有序进行和有效落实；其次，剖析高校思想政治教育保障机制，研究如何通过资源优化、队伍建设和政策支持等措施，为思想政治教育工作提供坚实有力的保障；最后，重点探讨高校思想政治教育评估机制的构建，旨在通过科学合理的评估体系，全面、客观地反映高校思想政治教育工作的成效，为持续改进和优化提供有力依据。

第一节　高校思想政治教育管理机制

高校思想政治教育管理机制作为确保思想政治教育活动有序进行的重要基石，其构建与完善对于提升高校育人质量、促进大学生全面发展具有深远意义。随着时代的快速变迁和社会的不断发展，高校思想政治教育面临着前所未有的挑战与机遇。一方面，经济全球化、信息化、网络化等趋势的加速推进，为思想政治教育带来了更为广阔的空间和更为丰富的资源；另一方面，社会价值观的多元化、学生思想的复杂化、教育环境的多样化，也对思想政治教育提出了更高的要求。因此，如何在新时代背景下构建科学、合理、高效的思想政治教育管理机制，成为高校教育工作者必须深入思考和积极探索的重大课题。本节将从高校思想政治教育管理机制的定义出发，深入剖析其内涵与构成要素，全面分析当前高校思想政治教育管理机制的现状，并针对存在的问题提出切实可行的优化策略，以期为高校思想政治教育的持续改进和优化提供理论支撑与实践指导。

一、高校思想政治教育管理机制的定义与内涵

（一）高校思想政治教育管理机制的定义

高校思想政治教育管理机制，是指高等院校为确保思想政治教育活动有序、高效开展，而制定并实施一系列规章制度，形成系统化、规范化的管理体系。明确职责分工、优化资源配置及强化监督评估是构建高校思想政治教育管理机制的三大核心支柱。该机制全面覆盖了思想政治教育的规划制定、组织实施、监督管控及效果评估等各个环节，同时注重思想政治教育与其他工作之间的协调配合，旨在切实提升思想政治教育的针对性和实效性，促进大学生的全面成长与发展。

（二）高校思想政治教育管理机制的内涵

1. 系统性

高校思想政治教育管理机制是一个由多个相互关联、相互作用的要素组成的有机整体。这些要素包括制度保障、组织体系、资源配置、监督评估等，它们共同构成了思想政治教育管理机制的框架和基础。

2. 规范性

高校思想政治教育管理机制强调规章制度的制定和执行。通过制定完善的规章制度，明确思想政治教育的目标、内容、方法和评估标准，为思想政治教育的有序开展提供制度保障。高校应通过加强对规章制度的执行力度和监督力度，确保思想政治教育活动的规范性和统一性。

3. 协同性

高校思想政治教育管理机制注重各方之间的协同合作。通过建立由校领导、思想政治教育工作者、学生代表等多方参与的思想政治教育管理组织，明确各方职责和分工，形成协同合作的工作机制。此外，高校思想政治教育工作者还应加强与其他教师之间的沟通与协调，形成工作合力，共同推动思想政治教育的深入发展。

4. 动态性

高校思想政治教育管理机制呈现出显著的动态性特征。随着时代的不断进步和社会的日益发展，思想政治教育领域面临着诸多新的挑战与机遇。因此，高校思想政治教育管理机制必须保持灵活性与适应性，不断进行调整与优化，以充分满足新形势和新任务的需求。定期开展思想政治教育效果的评估与分析工作，有

助于教师及时发现并妥善解决存在的问题，从而推动思想政治教育活动的持续改进与优化，确保其始终保持良好的教育效果。

二、高校思想政治教育管理机制的构成要素

高校思想政治教育管理机制是一个复杂而系统的工程，其构成要素包括制度保障、组织体系、资源配置和监督评估等多个方面。这些要素相互关联、相互作用，共同构成了思想政治教育管理机制的框架和基础。

（一）制度保障

1. 规章制度的制定

高校应根据国家的教育方针和政策要求，结合自身的实际情况，制定出一套符合本校特点的思想政治教育规章制度。这些规章制度应涵盖思想政治教育的各个方面，包括教学计划、教学内容、教学方法、评估标准等，确保思想政治教育的规范性和统一性。

2. 规章制度的执行

规章制度的制定只是第一步，更重要的是要将其落到实处。高校应加大对规章制度的执行力度和监督力度，确保思想政治教育活动的针对性和有效性，还应建立健全激励机制和约束机制，对表现突出的教育工作者给予表彰和奖励，对违反规章制度的行为进行严肃处理。

3. 规章制度的调整与优化

高校应定期对思想政治教育规章制度进行评估和分析，及时发现和解决问题，对其进行适时调整和优化。通过不断完善规章制度，确保其适应新的发展形势和教学任务的要求。

（二）组织体系

一套完善的组织体系，是确保思想政治教育管理取得成效的关键所在。高等院校应当建立由校领导、思想政治教育工作者及学生代表等多方主体共同参与的思想政治教育管理组织，确保他们各司其职、各尽其能，并在此基础上形成协同合作、高效运转的工作机制。

1. 领导机构的建立

高校应成立由校领导主导的思想政治教育领导小组，负责全面规划和指导本

校的思想政治教育工作。领导小组应定期召开会议，研究如何解决思想政治教育工作中出现的问题，确保思想政治教育工作顺利进行。

2. 工作机构的设置

高校应设立专门的思想政治教育工作部门或机构，承担起具体实施思想政治教育活动的职责。这些部门或机构需配备具备专业素质的工作人员，并提供必要的工作条件，以确保思想政治教育工作的有序、高效推进。同时，还应加强与其他部门之间的沟通与协作，形成协同联动的工作机制，共同推动思想政治教育工作的深入开展。

3. 学生代表的参与

学生是思想政治教育的主体和对象。高校应鼓励学生代表积极参与思想政治教育管理工作，发挥他们的桥梁和纽带作用。通过定期召开学生代表会议、开展学生调研等方式，及时了解学生的需求和反馈，可以为思想政治教育的持续改进和优化提供有力支持。

4. 思想政治教育队伍的建设

高校应高度重视思想政治教育队伍的建设工作。通过加强培训、提高待遇、完善激励机制等措施，吸引和留住一批高素质、专业化的思想政治教育工作者。同时，还应加强对思想政治教育工作者的考核和评价工作，确保他们的专业素养和综合能力符合时代的要求。

（三）资源配置

合理的资源配置是思想政治教育管理的重要保障。高校应加大对思想政治教育的人力、物力和财力投入，确保思想政治教育活动的顺利开展，还应注重资源的优化配置和高效利用，提高思想政治教育的覆盖广度、育人深度和实效持久度，构建全员全程全方位的育人新格局。

1. 人力资源配置

高校思想政治教育中的人力资源主要可划分为两大类：一类是党政管理人员与教辅人员，他们在思想政治理论课教学活动中扮演着教学管理者的角色，肩负着思想政治理论课教学的组织、管理和支持重任，确保各项教学活动能够井然有序地进行；另一类则是教师群体，他们作为高校思想政治理论课教学的实践者，不仅要圆满完成学院分配的教学任务，而且要兼顾大学生现实需求的多样性与个性化，承载着思想引领的重任，于知行合一中培育时代新人。

2. 物力资源配置

高校思想政治教育中的物力资源配置，涵盖了开展思想政治理论课教学活动的各项物质条件和技术手段的合理分配与管理。具体而言，这些物力资源主要包括各项基础教学设施。例如，教室作为教学主阵地，其配置直接关乎教学活动的顺畅进行；图书馆则作为学生获取知识的宝库，丰富的藏书有助于拓宽学生视野，提升思想政治素养。

此外，物力资源还涵盖多媒体设备，如投影仪、音响、电脑等技术设备，实践基地也属于物力资源。

3. 财力资源的配置

高校思想政治教育中的财力资源配置是一个系统性的工程，涵盖资金的来源、分配、管理和使用等多个关键环节。具体而言，其内涵主要包括以下几个方面。

在财力资源的来源上，高校需多方面筹措。国家拨入资金是重要支柱，国家为强化高校思想政治工作，特设专项资金，旨在支持理论建设、教师培训、场馆设施建设等核心领域。高校内部资金也发挥着不可忽视的作用。通过产学研结合、科研成果转化等运营发展方式，高校积累了一定资金，这些资金同样可投入思想政治教育活动，助力其发展。

在财力资源的分配上，高校需坚持原则性与灵活性并重。面对有限的财力资源，高校应优先保障思想政治教育重点工作的投入，如着力加强教师队伍建设、完善教学设施、支持科研项目等，确保关键领域得到充足资源。高校还应根据各部门、各院系的实际需求，科学合理地分配资源，避免资源浪费，杜绝重复建设，实现资源的优化配置。

在财力资源的管理和使用上，高校需严谨规范、高效透明。建立健全财力资源管理制度，是确保资金规范使用和有效监管的重要保障。高校应严格秉持专款专用原则，确保思想政治教育经费不被挪作他用，切实保障资金的有效利用。高校还应定期对思想政治教育经费的使用情况进行绩效评估，根据评估结果及时调整资源配置策略，不断提高资金的使用效益，推动高校思想政治教育持续健康发展。

（四）监督评估

监督评估是思想政治教育管理不可或缺的重要环节。高等院校应当构建并完善一套科学合理的监督评估机制，以实现对思想政治教育活动的全面、全程监督与评估。通过定期检查、考核及反馈，及时发掘并妥善处理存在的问题，进而促进思想政治教育活动的不断改进与优化。

1. 监督机制的建立

高校应建立健全思想政治教育监督机制，通过设立专门的监督机构或岗位、制定完善的监督制度和流程等方式，对思想政治教育活动进行全过程、全方位的监督和管理。同时，还应加强对监督人员的培训和教育工作，提高他们的专业素养和综合能力。

2. 评估机制的完善

高校应建立科学的思想政治教育评估机制。通过制订完善的评估标准和指标体系、采用多种评估方法和手段等方式，对思想政治教育活动进行全面、客观、公正的评估，同时注重评估结果的反馈工作，及时发现问题和不足之处，并采取相应的措施进行有针对性的改进，形成“评估—反馈—优化”的闭环管理机制，持续提升教育教学质量。

3. 持续改进和优化

高校应加强对思想政治教育效果的评估和分析工作，通过定期总结和分析思想政治教育的经验教训、借鉴其他高校的先进经验和做法等方式，不断推动思想政治教育的理念创新和方法革新，构建具有校本特色的新范式。同时，高校还应注重思想政治教育与其他工作之间的协调和配合工作，形成工作合力，共同促进学生的全面发展。

三、高校思想政治教育管理机制的现状分析

近年来，高校在思想政治教育管理机制建设方面取得了显著成效。然而，仍存在一些问题需要引起高校思想政治教育者的高度重视。

（一）取得的成效

1. 规章制度的不断完善

高校普遍建立了较为完善的思想政治教育规章制度。这些规章制度涵盖了思想政治教育的各个方面和环节，为思想政治教育的有序开展提供了有力保障。高校还加大了对规章制度的执行力度和监督力度，确保了思想政治教育活动的规范性和统一性。

2. 组织体系的日益健全

随着组织体系的日益健全，高校思想政治教育管理机制逐步构建起党委统一领导、党政齐抓共管、部门协同联动的立体化工作格局。通过完善制度设计、优化资源配置、强化队伍建设和创新评价体系，形成全链条育人闭环。

3. 资源配置的逐步优化

高校显著增强了对思想政治教育领域的人力、物力投入。着力建设与完善思想政治教育相关设施、购置必需的教学设备与器材，为思想政治教育的顺利开展奠定了坚实的物质基础。与此同时，高校还高度重视资源的科学配置与高效利用，不断提升思想政治教育的覆盖范围、渗透力和转化力。

4. 监督评估机制的初步建立

高校建立了健全的监督评估机制，对思想政治教育活动进行全过程、全方位的监督和评估工作。通过动态反馈和持续改进的闭环管理，确保立德树人根本任务落到实处。

（二）存在的问题

尽管高校在思想政治教育管理机制建设方面取得了显著成效，但仍存在一些问题，需要进一步改进。

1. 规章制度的执行力度不够

尽管高校普遍制定了较为完善的思想政治教育规章制度，但在实际执行过程中仍存在一些问题。部分高校对规章制度的执行力度不够，导致思想政治教育活动缺乏规范性和统一性。部分高校对规章制度的监督力度也不够，导致一些违规行为得不到及时纠正和处理。

2. 组织体系的协同性不强

尽管高校建立了由多方参与的思想政治教育管理组织，但在实际运行过程中仍存在协同性不强的问题。部分高校各部门之间缺乏有效的沟通与协调，导致思想政治教育活动难以形成合力。部分高校对学生代表的参与程度也不够重视，导致学生的需求和反馈难以得到及时回应与处理。

3. 资源配置的不合理现象

尽管高校加大了对思想政治教育的人力、物力投入力度，但在实际配置过程中仍存在不合理现象。部分高校在人力资源配置上存在重数量、轻质量的问题，导致思想政治教育工作者的专业素养和综合能力不高。部分高校在物力资源配置上存在重建设、轻利用的问题，导致资源浪费现象严重。此外，部分高校在财力资源配置上也存在投入不足或分配不均的问题，导致思想政治教育经费的充足性和稳定性得不到保障。

4. 监督评估机制尚不完善

尽管高校建立了健全的监督评估机制，但在实际运行过程中仍存在不完善的问题。部分高校对思想政治教育活动的监督评估工作不够全面和深入，导致一些问题难以被及时发现和解决。部分高校对评估结果的运用和反馈工作也不够到位，导致评估工作的实际效果不明显。

四、高校思想政治教育管理机制的优化策略

针对当前高校思想政治教育管理机制存在的问题和不足，需要采取切实可行的优化策略进行改进和完善。

（一）完善制度保障

1. 加强规章制度的制定工作

高校应通过深入调研和分析，制定出更加符合本校特点的思想政治教育规章制度，同时还应加强对规章制度的宣传和推广工作，提高广大师生对规章制度的认知度和认同度。

2. 加大规章制度的执行力度

高校应进一步加大对思想政治教育规章制度的执行力度，通过建立健全激励机制和约束机制对表现突出的教育工作者给予表彰和奖励，对违反规章制度的行为进行严肃处理；同时，还应加强对规章制度的监督力度，确保各项规章制度的有效落实和执行到位。

3. 提高规章制度的灵活性和适应性

高校应进一步提高思想政治教育规章制度的灵活性和适应性，通过定期评估和分析规章制度的实施效果，及时发现和解决问题，并对其进行适时调整和优化；同时，还应加强对外部环境和内部条件变化的关注与研究，确保规章制度的制定和执行能够贴合师生实际、顺应时代要求，形成科学规范、运行有效的制度体系。

（二）强化组织体系

1. 完善领导机构的设置

高校应进一步完善思想政治教育领导机构的设置工作，通过明确领导小组的职责和分工、加强领导小组的决策和执行能力等方式，提高领导小组的工作效率和效果；同时，还应加强对领导小组的监督和考核工作，确保其能够充分发挥领导核心作用，推动思想政治教育的深入发展。

2. 加强工作机构之间的协作与配合

高校应加强思想政治教育工作部门或机构之间的协作与配合工作，通过建立健全沟通协调机制、加强信息共享和资源整合等方式，形成工作合力，共同推动思想政治教育活动的深入开展；同时，还应加强对工作机构的考核和评价工作，确保其能够高效履行职责和任务。

3. 提高学生代表的参与程度

高校应进一步提高学生代表在思想政治教育管理工作中的参与程度，通过定期召开学生代表会议、开展学生调研等方式，及时了解学生的需求，为思想政治教育精准施策、优化内容、创新形式提供科学依据；同时，还应加强对学生代表的培训和教育工作，提高其专业素养和综合能力，引导他们更好地发挥桥梁和纽带作用。

4. 加强思想政治教育队伍的建设

高校应进一步加强思想政治教育队伍的建设工作，通过加强培训、提高待遇、完善激励机制等措施，吸引和留住一批高素质、专业化的思想政治教育工作者；同时，还应加强对思想政治教育工作者的考核和评价工作，确保其专业素养和综合能力符合时代的要求，为思想政治教育的深入发展提供有力保障。

（三）优化资源配置

1. 合理配置人力资源

高校应进一步优化思想政治教育人力资源的配置工作，通过招聘、引进、培养等方式，建立一支高素质、专业化的思想政治教育工作者队伍；同时，还应加强对思想政治教育工作者的培训和教育工作，提高其专业素养和综合能力，以满足新时代思想政治教育工作的需要。

2. 注重物力资源的利用效率

高校应进一步注重思想政治教育物力资源的利用效率，通过建设和完善思想政治教育设施、购买必要的教学设备和器材等方式，为思想政治教育提供有力的物质保障；同时，还应加强对物力资源的优化配置和高效利用工作，避免资源浪费和重复建设现象，实现优质教育资源的集约化利用和可持续发展。

3. 确保财力资源的充足和稳定

高校应进一步确保思想政治教育经费的充足和稳定，通过争取政府拨款、社会捐赠、自筹资金等方式，为思想政治教育提供有力的财力支持；同时，高校还应加强对思想政治教育经费的管理和监督工作，确保其合理使用和高效利用，为思想政治教育的深入发展提供有力保障。

（四）加强监督评估

1. 建立健全的监督机制

高校应进一步建立健全思想政治教育监督机制，通过设立专门的监督机构或岗位、制定完善的监督制度和流程等方式对思想政治教育活动进行全过程、全方位的监督和管理，加强对监督人员的培训和教育工作，提高其专业素养和综合能力，以确保监督工作的有效性和公正性。

2. 完善评估指标体系

高校应进一步完善思想政治教育评估指标体系，通过制定更加科学、合理、全面的评估标准和指标体系，对思想政治教育活动进行全面、客观、公正的评估。高校还应注重评估结果的运用和反馈工作，及时发现问题和不足之处，并采取相应的措施进行改进和优化，以提高思想政治教育的针对性和实效性。

3. 加强评估结果的反馈工作

高校应进一步加强思想政治教育评估结果的反馈工作。通过定期总结和分析思想政治教育的经验教训、借鉴其他高校的先进经验和做法等方式，推动思想政治教育的持续改进和优化。此外，还应注重评估结果与其他工作之间的协调和配合，形成工作合力，共同推动高校的全面发展。

4. 引入第三方评估机构

高校可以考虑引入第三方评估机构对思想政治教育活动进行评估，通过引入专业、独立的第三方评估机构，对思想政治教育活动进行全面、客观、公正的评估，提高评估结果的公信力和可信度。同时，还可以通过第三方评估机构的反馈和建议，及时发现和解决问题，推动思想政治教育质量持续提升。

高校思想政治教育管理机制是确保思想政治教育活动有效实施、目标顺利达成的重要保障。在新时代背景下，高校应进一步完善思想政治教育管理机制，加强制度保障、强化组织体系、优化资源配置、加强监督评估等方面的工作，推动思想政治教育实效持续提升，实现铸魂育人成效的最大化。

第二节　高校思想政治教育保障机制

一、保障机制的重要性与必要性

在高等教育体系中，思想政治教育始终占据着举足轻重的地位。它不仅是培养学生正确世界观、人生观和价值观的重要途径，更是确保国家意识形态安全、促进社会和谐稳定的关键环节。高校思想政治教育保障机制，则是确保一系列教育活动能够顺利开展的重要保障。随着社会的快速发展和高等教育的普及，大学生群体的思想观念和价值取向日益多元化，这对高校思想政治教育提出了新的挑战和要求。因此，建立和完善科学、合理的保障机制，对于提高思想政治教育的针对性和实效性，具有深远而重要的意义。

保障机制，顾名思义，就是为确保某一活动或系统能够正常运行而设立的一系列制度、措施和程序。高校思想政治教育保障机制涵盖了教育目标的设定、教育内容的选择、教育方法的运用、教育资源的配置、教育效果的评估等多个方面。这些环节相互关联、相互支撑，共同构成了一套完整的教育保障体系。

随着社会的快速发展，大学生群体的思想观念和价值取向呈现出日益多元化的趋势。这一变化是多种因素共同作用的结果。一方面，经济全球化的深入发展使得不同文化、不同思想相互交融，大学生在接触和吸收各种信息的过程中，思想观念和价值取向自然会受到影响。另一方面，信息技术的迅猛发展使得信息传播的速度和范围达到了前所未有的水平，大学生可以通过互联网等渠道获取到海量的信息，这些信息既包含了有益的知识和观点，也夹杂着一些错误和有害的思想。此外，社会竞争的加剧、就业压力的增大等因素也使得大学生的思想观念和价值取向更加复杂多变。

这种多元化趋势给高校思想政治教育带来了新的挑战和要求。比如，如何运用现代信息技术手段提高思想政治教育的吸引力和感染力，如何结合大学生的实际需求和兴趣点设计教育内容和活动形式，如何建立有效的反馈机制及时调整教育策略等，都是当前高校思想政治教育面临的重要课题。

科学、合理的保障机制对于提高思想政治教育的针对性和实效性具有重要意义。一方面，保障机制可以确保教育目标的明确性和可操作性。通过设定具体、可衡量的教育目标，可以使得思想政治教育更加有针对性，更加贴近学生的实际需求。明确的教育目标也可以为教育效果的评估提供明确的标准和依据。另一方面，保障机制可以优化教育资源的配置和使用。教育资源的配置和使用直接关系到教育效果。建立科学的资源配置机制，可以确保教育资源能够按照教育目标的需求进行合理分配和使用，避免资源的浪费。同时，还可以通过引入市场竞争机制等方式提高教育资源的使用效率和质量。

保障机制还可以加强教育效果的评估和反馈。科学、客观的评估和反馈，有助于发现教育过程中存在的问题和不足，及时了解大学生的思想动态和需求变化，为教育策略的调整和改进提供依据。

二、保障机制的基本原则

在健全高校思想政治教育的保障机制时，必须遵循一系列基本原则，以确保教育的全面性、针对性和可持续性。这些原则构成了保障机制的核心框架，指引着高校思想政治教育者在实践中不断探索和完善。

（一）全面性原则

全面性原则是保障机制构建的首要原则。它要求高校思想政治教育者在设计和实施保障机制时，必须全面考虑思想政治教育的各个方面和环节，确保教育的系统性和连贯性。

首先，教育内容要全面。思想政治教育的内容应当涵盖政治理论、道德品质、法律意识、历史文化等多个方面，既要传授基本知识，又要引导学生形成正确的世界观、人生观和价值观。教育内容还要紧跟时代步伐，及时反映社会发展的新变化、新要求，确保教育的时效性和针对性。例如，随着信息技术的飞速发展，网络安全、信息伦理等新型教育内容也应纳入思想政治教育体系，以帮助学生更好地适应数字化时代。

其次，教育方法要多样。思想政治教育不能仅仅停留在课堂讲授上，还应结合实践锻炼、社会调查、志愿服务等多种形式，让学生在实践中感悟、在体验中成长。此外，还可以利用现代信息技术手段，如网络课程、在线研讨、虚拟仿真等，创新教育方式，提高教育的吸引力和感染力。多样化的教育方法不仅能够满足学生的不同需求，还能够激发学生的学习兴趣和积极性，使思想政治教育更加生动、有趣。

再次，教育环境要优化。教育环境是影响思想政治教育效果的重要因素。各高校应当努力营造积极向上、健康和谐的教育氛围，为学生提供良好的学习和成长环境。这包括校园文化的建设、师生关系的建立、校园设施的完善等多个方面。例如，通过举办各类文化、科技、艺术活动，丰富学生的校园文化生活；通过加强师生互动，建立平等、尊重、信任的师生关系；通过改善校园设施，为学生提供舒适、便捷的学习和生活条件。

最后，教育队伍要壮大。教师是思想政治教育的实施者，他们的素质和能力直接关系到教育效果。因此，必须加强教师队伍的建设和培养，提高教师的政治素质、业务能力和职业素养。这包括选拔优秀的人才担任思想政治教师、加强教师的培训和进修工作、建立完善的激励机制和评价体系等。通过加强教师队伍建设，打造一支政治立场坚定、业务精湛、教学能力突出的教师队伍，为思想政治教育提供有力的人才保障。

（二）针对性原则

针对性原则是保障机制构建的重要原则，必须针对大学生的实际需求和思想特点，制订具有针对性的保障措施。

大学生作为年轻群体，其思想观念、价值取向、行为方式等具有鲜明的时代特征。他们成长于信息化时代，思想更加开放、多元。他们也面临着就业压力、人际关系、情感困惑等多重挑战，思想问题更加复杂多样。因此，在构建保障机制时，必须深入了解大学生的实际需求和思想特点，因人制宜、因材施教。

一方面，要通过问卷调查、访谈交流、数据分析等方式，全面掌握大学生的思想动态和心理状况。了解他们的关注点、疑惑点和需求点，为采取有针对性的保障措施提供科学依据。例如，针对大学生对就业前景的担忧，可以开展职业规划教育、就业指导服务等，帮助他们树立正确的就业观念，提高就业竞争力。

另一方面，应根据大学生的思想特点和需求，灵活调整教育内容和方法。对于不同年级、不同专业、不同背景的学生，采取差异化的教育策略，确保教育更加贴近学生实际。通过精准施策，可以提高思想政治教育的针对性和实效性。有针对性的保障措施能够更好地满足学生的成长需求，帮助他们解决思想问题，树立正确的世界观、人生观和价值观。有针对性的教育还能够激发学生的学习兴趣和积极性，提高他们的参与度和满意度，使思想政治教育更加生动、有效。

（三）可持续性原则

可持续性原则是保障机制构建的长期原则，它要求高校思想政治教育者在设计和实施保障机制时，必须具有长远的眼光和可持续的发展能力，能够适应时代发展的需要和高等教育改革的要求。

首先，保障机制要具有开放性。随着社会的不断进步和高等教育的深入发展，思想政治教育面临着新的挑战和机遇。要保持开放的心态，积极吸收新理念、新技术、新方法，不断完善和创新保障机制。例如，可以借鉴国内外先进的教育经验和技术手段，采用翻转课堂、慕课等新型教育模式，提高教育的互动性和趣味性。同时，还可以加强与社会的联系和合作，利用社会资源开展实践教育，拓宽教育的渠道和途径。

其次，保障机制要具有灵活性。高等教育改革是一个动态的过程，思想政治教育也要随之不断调整和优化。高校思想政治教育者要根据时代发展的需要和教育改革的要求，灵活调整保障机制的内容和形式。例如，随着学分制的推行和课程设置的改革，高校思想政治教育者可以相应调整课程设置和教学方式，确保教育与教学改革相协调、相促进。同时，还应关注学生的个性差异和需求变化，提供多样化的教育选择和服务，满足学生的不同需求。

再次，保障机制要具有持续性。思想政治教育的效果不是一蹴而就的，而是长期坚持和不断努力的结果，需要建立长效的保障机制，确保思想政治教育的持续性和稳定性。它包括建立完善的评价体系和反馈机制，定期对教育效果进行评估和总结，及时发现问题和不足，进行改进和优化。高校思想政治教育者还要加强教育队伍的建设和培养，提高教师的职业素养和教学能力，为教育的持续发展提供有力的人才保障。

最后，保障机制要具有创新性。创新是推动思想政治教育发展的不竭动力。鼓励和支持教育工作者开展创新研究与实践探索，不断推陈出新、与时俱进。例如，可以设立教育创新基金，支持教师开展教育教学改革和实验研究；还可以举办教育创新大赛或论坛，鼓励教师之间的交流和分享。通过创新性的保障机制，激发教育工作者的积极性和创造力，推动思想政治教育的不断创新和发展。

三、保障机制的具体构建

保障机制的构建是确保高校思想政治教育工作有效实施的关键环节。为了全面提升思想政治教育的质量和效果，必须从组织、队伍、经费和制度等多个方面入手，形成全方位、多层次的保障体系。

（一）加强组织保障

组织保障是思想政治教育工作顺利开展的基础，其核心在于完善领导体制和强化部门协同。

1. 完善领导体制

高校应进一步完善思想政治教育的领导体制，明确各级教育部门和教师在思想政治教育工作中的职责和分工。具体而言，高校应设立专门的思想政治教育领导小组，由校领导牵头，各相关部门负责人作为成员，共同负责思想政治教育的规划、组织和实施。领导小组应定期召开会议，研究思想政治教育工作中的重大问题，制订切实可行的工作计划。

高校还应明确各级教育部门的职责和任务。教务处应负责思想政治教育的课程设置、教学安排和教学质量监控；学生处应负责学生的日常管理、思想动态把握和心理健康教育；团委则应负责组织各类思想政治教育活动，如主题团日、社会实践等。各部门之间应形成各司其职、各负其责、密切配合的工作格局。

此外，高校还应明确教师在思想政治教育工作中的职责和任务。教师应将思想政治教育融入课堂教学全过程，注重培养学生的思想政治素质和道德品质。教师还应积极参与学生的日常管理和思想政治教育活动，为学生提供全方位、多层次的思想政治教育服务。

通过建立健全的领导体制，确保思想政治教育工作的有序进行，形成上下联动、齐抓共管的工作局面。

2. 强化部门协同

高校应加强各部门之间的协同合作，形成思想政治教育的合力。思想政治教育是一项系统工程，需要各部门之间密切配合、共同努力。例如，教务处在教学安排中应充分考虑思想政治教育的需要，合理安排课程时间和教学内容；学生处在学生管理中应注重思想政治教育的渗透，加强对学生的思想引导和心理疏导；团委在组织活动时应注重思想政治教育的主题和内涵，提升学生的思想政治觉悟。

为了实现部门之间的协同合作，高校应建立有效的沟通机制。各部门之间应定期召开联席会议，共同研究思想政治教育工作中的问题和对策。高校还应建立信息共享平台，实现各部门之间的信息互通和资源共享。通过强化部门协同，形成思想政治教育的整体合力，提高工作的针对性和实效性。

（二）加强队伍保障

队伍保障是思想政治教育工作顺利开展的关键。高校应注重提高教师的思想政治素质和教育教学能力，优化思想政治教育队伍的结构。

1. 提高教师的素质和能力

高校应注重提高教师的思想政治素质和教育教学能力。首先，教师应具备坚定的政治立场和正确的价值观，能够以身作则、为人师表。为此，高校应定期组织教师参加政治学习和理论研讨活动，提高教师的政治觉悟和理论水平。高校还应加强对教师的师德师风建设，引导教师树立正确的职业道德观念，增强教师的责任感和使命感。

其次，教师应具备较高的教育教学能力，能够熟练运用现代化的教学方法和手段，提高课堂教学的吸引力和感染力。为此，高校应加强对教师的培训工作，提高教师的专业素养和教学技能。高校还应鼓励教师积极参加教学改革和创新实践，探索符合时代要求和学生特点的思想政治教育新模式。

最后，高校还应加大对教师的职业道德规范的引导力度。教师应遵守职业道德规范，秉持敬业爱生、教书育人的职业精神，为学生的成长和发展负责。高校应建立健全教师职业道德评价体系，对教师的职业道德表现进行全面客观的评价和监督。

通过提高教师的思想政治素质和教育教学能力，打造一支高素质、专业化的思想政治教育队伍，为思想政治教育工作的顺利开展提供坚实人才支撑。

2. 优化队伍结构

高校应优化思想政治教育队伍的结构，合理配置专兼职教师比例。首先，高校应加大对专职教师的招聘力度，选拔具有丰富教学经验和较高学术水平的优秀人才担任思想政治教育相关课程的教学工作。高校还应注重对专职教师的培养和培训，提高其教育教学水平和科研能力。

其次，高校应充分发挥兼职教师的作用。兼职教师通常来自不同学科领域和行业背景，能够为学生提供多元化的思想政治教育视角。高校应建立健全兼职教师的选拔和管理机制，确保兼职教师的教学质量和效果。

最后，高校还应优化专兼职教师的比例结构。根据思想政治教育的实际需要和学生的特点，合理配置专兼职教师的比例，确保思想政治教育工作的全面覆盖和深入开展。高校还应加强对专兼职教师的团队协作能力的培养，形成优势互补、协同作战的工作格局。

通过优化思想政治教育队伍的结构，合理配置专兼职教师比例，打造一支结构合理、素质优良的思想政治教育队伍，为思想政治教育工作的顺利开展注入持久发展动力。

（三）加强经费保障

经费保障是思想政治教育工作顺利开展的物质基础。高校应设立思想政治教育专项基金，合理配置思想政治教育资源。

1. 设立专项基金

高校应设立思想政治教育专项基金，支持思想政治课程的教学改革和实践活动。专项基金应主要用于思想政治课程的教学改革、课程开发、教材建设、师资培训等方面。专项基金的设立，可以推动思想政治课程的教学内容和方法的创新，提高课堂教学的吸引力和感染力。

专项基金还应支持思想政治教育实践活动的开展。实践活动是思想政治教育的重要环节，能够增强学生的实践能力和社会责任感。高校应利用专项基金组织各类实践活动，如社会实践、志愿服务、文化体验等，让学生在实践中感悟人生、锤炼品质。

为了确保专项基金的有效使用和管理，高校应建立健全专项基金的管理制度和监督机制。明确专项基金的来源、使用范围和管理流程，加大对专项基金使用的监督和审计力度，确保专项基金的安全、有效和合规使用。

2. 合理配置资源

高校应合理配置思想政治教育资源，加大对图书馆、博物馆、实验室等校内资源的投入力度。图书馆是学生学习和获取知识的重要场所，高校应丰富图书馆的思想政治教育类书籍和资料，为学生提供丰富的学习资源。博物馆和实验室则是学生进行实践探索和科学研究的重要平台，高校应充分利用这些资源开展思想政治教育实践活动，增强学生的实践能力和创新精神。

合理配置高校思想政治教育资源，需以育人为目标，统筹优化师资、课程、实践平台等要素，构建“理论教学 + 实践育人 + 网络赋能”的立体化资源体系。

通过合理配置思想政治教育资源，加强与社会各界的合作与交流，为思想政治教育工作的顺利开展提供有力的物质保障和外部支持。

（四）加强制度保障

制度保障是确保思想政治教育工作顺利开展的长效机制。高校应建立健全思想政治教育的规章制度和考核评价机制。

1. 建立健全规章制度

高校应建立健全思想政治教育的规章制度，明确各项工作的具体要求和操作流程。规章制度应具有科学性、规范性和可操作性，能够确保思想政治教育工作的有序进行。例如，可以制订思想政治教育课程教学大纲和教学计划，明确教学内容、教学方法和考核标准；可以制订学生日常管理规定和心理健康教育实施方案，加强对学生的管理和引导；还可以制订教师职业道德规范和考核评价办法，加强对教师的监督和管理。

高校还应加强对规章制度的宣传和执行力度。通过多种形式向师生宣传规章制度的内容和意义，提高师生的遵守意识和执行力。高校还应建立健全规章制度的执行和监督机制，对规章制度执行情况进行检查和评估，确保规章制度的有效实施。

2. 完善考核评价机制

高校应完善思想政治教育工作的考核评价机制，对教师的工作表现进行全面客观的评价。考核评价机制应具有科学性和公正性，能够真实反映教师的工作成绩和贡献。例如，可以建立教师教学质量评价体系，对教师的教学内容、教学方法和教学效果进行评价；可以建立教师科研工作评价体系，对教师的科研成果和学术水平进行评价；还可以建立教师师德师风评价体系，对教师的职业道德和师德表现进行评价。

高校还应充分发挥考核评价机制的激励和约束作用。通过考核评价结果的反馈，激励教师积极投身思想政治教育工作，提高工作积极性和创造性；同时，对存在的问题进行约束和督促，推动教师提升工作水平。

建立健全思想政治教育的规章制度和考核评价机制，可以为思想政治教育工作的顺利开展提供有力的制度保障。这将有助于推动高校思想政治教育工作的规范化、制度化和科学化发展。

四、保障机制的创新与实践

在经济全球化背景下，高校思想政治教育工作的保障机制不仅需要稳固，而且需要不断创新与实践，以适应时代发展的需要和高等教育改革的要求。本部分将从创新保障机制模式、加强国际交流与合作、推动数字化建设三个方面，深入探讨高校思想政治教育保障机制的创新与实践。

（一）创新保障机制模式

面对时代的新课题，高校应积极探索和创新保障机制模式，以更加开放、灵活的方式，整合各方资源，形成协同育人的强大合力。

1. 校企合作机制的建立与完善

校企合作是高等教育与产业发展紧密结合的重要途径，也是创新思想政治教育保障机制的有效模式。这种合作在传授理论知识的基础上，深入实践层面，让学生在实际工作场景中感受企业文化的熏陶，理解职业道德的重要性，从而增强他们的社会责任感和职业素养。

具体而言，高校可以与企业共同开发思想政治教育课程，将企业的成功案例、管理经验和职业道德要求融入教学内容，使课堂教学更加贴近实际。高校还可以组织学生到企业进行实习实训，让学生在实践中学习，在学习中实践，真正实现知行合一。此外，高校还可以邀请企业界的专家学者参加进校园，开展讲座、研讨会等活动，拓宽学生的视野，激发学生的创新思维。

2. 家校共育机制的构建与优化

家庭是人生的第一所学校，家长是孩子的第一任老师。在思想政治教育工作中，家庭的作用不可忽视。高校应积极探索家校共育机制，形成家校协同育人的良好氛围。

家校共育机制的建立，需要高校与家长建立密切的沟通联系。高校可以通过家长会、家访、电话沟通等多种形式，及时向家长通报学生的在校情况，了解学生在家的表现，同家长共同分析学生的思想动态，制订有针对性的教育方案。高校还可以邀请家长参与学校的思想政治教育活动，让家长亲身体验学校的教育氛围，增强家校之间的信任和理解。

3. 多元化育人平台的搭建与拓展

除了校企合作和家校共育，高校还应积极拓展其他多元化育人平台，如校企合作研发中心、创新创业孵化基地、社会实践基地等。这些平台不仅可以为学生提供更多的实践机会和就业渠道，还可以促进高校与社会各界的交流与合作，共同推动思想政治教育工作的创新和发展。

（二）加强国际交流与合作

在经济全球化背景下，加强国际交流与合作已成为高校提升教育质量、拓宽国际视野的重要途径。对于思想政治教育工作而言，国际交流与合作同样具有重要意义。

1. 借鉴国外先进经验与做法

通过国际交流与合作，高校可以引进国外先进的教育理念、教学方法和管理模式，结合我国实际情况进行本土化改造和创新，推动我国思想政治教育工作的现代化和国际化。

具体而言，高校应重点关注国外高校在思想政治教育课程设置、教学方法、评价体系等方面的做法，结合我国高校的实际情况进行吸收和借鉴。高校还可以邀请国外知名学者来校讲学或进行学术交流，为师生提供了解国际前沿动态的机会。

2. 拓宽国际视野与思路

国际交流与合作可以拓宽师生的国际视野和思路。通过参与国际学术交流、海外研修等活动，师生可以了解不同国家的文化、历史和社会制度，增强跨文化交流能力和国际竞争力。这些活动还可以激发师生的创新思维和批判性思维，推动思想政治教育工作的创新和发展。

为了拓宽国际视野和思路，高校应鼓励师生积极参与国际交流活动。对于教师而言，高校可以提供资金支持或政策激励，鼓励他们参加国际学术会议、海外研修等项目；对于学生而言，高校可以设立国际交流奖学金或助学金，资助优秀学生赴国外学习或参加国际竞赛等活动。

3. 推动国际合作项目与成果落地

高校还应注重将国际交流合作的成果转化为实际教学效果。比如，可以将国外先进的教学方法和理念融入课堂教学之中，提高课堂教学的吸引力和感染力；可以将国际学术交流的成果转化为学术论文或著作等学术成果，提升高校的学术影响力和国际知名度。

（三）推动数字化建设

近年来，数字化建设已成为高校提升管理水平和管理效率的重要手段。在思想政治教育工作中，数字化建设同样具有广阔的应用前景。

1. 思想政治教育信息化平台的建立

高校应积极推动思想政治教育信息化平台建设。这一平台应集教育资源管理、在线学习、互动交流、考核评价等功能于一体，为师生提供便捷、高效的学习和管理服务。

具体而言，思想政治教育信息化平台可以整合各类优质的教育资源，如课程视频、教学课件、学术论文等，实现教育资源的共享和高效利用，让学生随时随地进行自主学习和复习巩固。此外，平台还可以设立互动交流区或论坛等区域，为师生提供交流思想、分享经验的渠道。平台还可以建立完善的考核评价体系，对学生的学习效果和教师的教学质量进行客观、准确的评价。

2. 大数据与人工智能技术的应用

在数字化建设过程中，大数据和人工智能技术发挥着举足轻重的作用。高校可以利用这些技术对学生的思想动态进行精准分析和预测，为思想政治教育工作提供有力支持。

具体而言，高校可以通过收集学生在学习、生活等方面的数据信息，运用大数据分析技术对这些信息进行挖掘和分析，了解学生思想状况、兴趣爱好、行为习惯等方面的特点。这些信息可以为教师制订个性化的教育方案提供依据。高校还可以利用人工智能技术对学生的思想动态进行实时监测和预警，及时发现并处理学生潜在的思想问题或心理隐患。

此外，大数据和人工智能技术还可以应用于思想政治教育的其他方面。比如，可以利用这些技术对思想政治教育课程的教学效果进行评估和分析，为教学改革提供数据支持；还可以利用这些技术对思想政治教育工作的管理流程进行优化和改进，提高工作效率和教学质量。

第三节　高校思想政治教育评估机制

一、评估机制的重要性与必要性

在高等教育体系中，思想政治教育作为提升学生综合素质的重要环节，其效果与质量直接关系到国家未来人才的培养方向和社会的稳定发展。因此，构建和完善高校思想政治教育评估机制，不仅是对教育成效的一种检验，更是推动思想政治教育持续改进、不断创新的关键手段。

高校思想政治教育评估机制是检验思想政治教育效果的重要途径。思想政治教育不同于一般的知识传授，它更侧重学生思想观念、道德品质和价值观念的塑造。这种内在的变化往往难以通过传统的考试或测评方式直接量化，因此，需要一种更为科学、全面的评估机制来对其效果进行衡量。高校思想政治教育评估机制应该能够涵盖其各个方面，包括教学内容、教学方法、教学效果及学生的反馈等，从而形成一个全面、客观的评价体系。通过这一体系，可以对思想政治教育的实施效果进行定期或不定期的评估，及时了解教育活动的实际成效，为后续的教育决策提供有力依据。

评估机制的建立，有助于高校思想政治教育者全面了解思想政治教育工作的实施情况。高校思想政治教育往往涉及多个层面和领域，包括课堂教学、社会实践、校园文化建设等。然而，由于各个层面和领域的实施主体、实施方式和实施效果存在差异，因此很难通过单一的评价标准来全面反映思想政治教育的整体情况。评估机制的建立，正是为了解决这一问题。它可以通过设定明确的评价标准和指标，对思想政治教育的各个环节进行细致入微的考察和分析，从而帮助高校思想政治教育者全面了解思想政治教育工作的实施情况，包括教育的覆盖面、教育的深度、教育的接受度等。

评估机制还能够揭示思想政治教育中存在的问题。在思想政治教育过程中，由于各种因素的影响，难免会出现一些问题和不足。这些问题可能源于教学内容的不合理、教学方法的单一、教育资源的匮乏等方面，也可能源于学生自身的认知差异、价值取向多元化等方面。无论问题源自何处，都需要高校思想政治教育者及时发现并加以解决。因此，评估机制正是高校思想政治教育者发现问题、分析问题的重要工具。它可以通过对教育效果的量化分析和质性研究，揭示出思想政治教育中存在的各种问题和不足，为教学改进提供方向和思路。

在评估过程中，高校思想政治教育者不仅可以了解到思想政治教育的现状和问题，还可以通过对评估结果深入分析和研究，找出问题的根源和症结所在，从而提出有针对性的改进措施和建议。这些措施和建议可能涉及教学内容的调整、教学方法的创新、教育资源的优化配置等方面，也可能涉及学生思想引导、心理疏导等方面的工作。无论采取何种措施，都需要以评估结果为依据，以改进效果为目标，不断推进思想政治教育的创新和发展。

此外，评估机制的建立和完善还有助于提高思想政治教育的针对性与实效性。针对性是指思想政治教育要根据学生的不同特点、不同需求和不同发展阶段，因材施教、因人施教，做到有的放矢。实效性是指思想政治教育要能够真正触及学生的心灵深处，引起学生的共鸣和认同，从而转化为学生的自觉行动。评估机制可以通过对学生的学习状态、思想动态、行为表现等方面进行评估，了解学生的真实需求和问题所在，为思想政治教育提供更为精准的定位和方向。它还可以通过对教育效果的持续跟踪和评估，及时发现不足之处，为思想政治教育的持续改进提供有力支持。

思想政治教育评估机制还承载着对外展示和交流的功能。随着国际交流的日益频繁，高等教育领域的国际合作与交流也日益增多。通过与国际同行分享评估理念、评估方法和评估结果，增进相互了解、促进相互学习。

从管理学的角度来看，评估机制也是一种有效的管理手段。高校思想政治教育工作者需要通过评估来了解教育工作的进展情况、存在的问题及未来的发展方向。这种评估能够为教育资源配置、教育政策制定等方面提供重要参考。通过评估机制的建立和完善，高校思想政治工作者可以更加科学、合理地配置教育资源，制定更加符合实际的教育政策，从而提高思想政治教育的整体效益。

评估机制的建立和完善还有助于增强师生的参与意识与责任感。因此，需要鼓励师生积极参与评估工作，为评估提供真实、客观的信息和反馈；还需要通过评估结果的反馈和运用，让师生了解到自己在思想政治教育中的表现和贡献，从而增强他们的参与意识和责任感。

评估机制的建立和完善也是适应时代发展需要的必然选择。随着社会的不断进步和发展，思想政治教育的内容和形式也在不断变化与创新。传统的评估方式和方法已经难以满足新时代思想政治教育的需求。因此，需要建立和完善更加科学、合理的评估机制来适应时代发展的需要。这种评估机制应该能够反映新时代思想政治教育的特点和规律，能够适应新时代学生的成长需求和认知特点，从而推动思想政治教育的持续创新和发展。

二、评估机制的基本原则

在构建和完善高校思想政治教育评估机制的过程中，必须明确并坚持一系列基本原则，以确保评估工作的科学性、有效性和可持续性。这些原则构成了评估机制的基石，指引着评估实践的方向，确保评估结果能够真实、全面地反映思想政治教育的实际效果，并为精准优化教学策略提供有力支撑。

（一）客观性原则：确保评估的公正与准确

客观性原则是评估机制的首要原则，它要求教师在评估过程中必须坚持实事求是、尊重事实的态度，确保评估结果的客观性和公正性。这一原则的重要性不言而喻，因为只有客观的评估结果才能真实反映思想政治教育的实际成效，才能为后续的决策提供准确依据。

为了实现客观性原则，需要采用科学的评估方法和手段。这些方法和手段应基于严谨的教育理论与实证研究，能够准确捕捉和衡量思想政治教育的关键要素与指标。例如，可以运用量化研究方法，通过问卷调查、数据统计等方式，对思想政治教育的覆盖面、参与度、满意度等进行量化分析。同时，还可以运用质性研究方法，如深度访谈、案例研究等，对思想政治教育的实际效果进行细致入微的描述和解释。

教师必须严格遵守评估标准和程序，避免主观臆断。评估标准应明确、具体、可操作，能够真实反映思想政治教育的目标和要求。评估程序应规范、公正、透明，通过建立健全评估监督机制，对评估过程进行全程监督和管理，确保评估结果的客观性和准确性。

客观性原则还要求在评估结果的处理和呈现上保持客观态度。评估结果应以事实为依据，以数据为支撑，避免虚报或漏报评估结果。评估结果的呈现方式应简洁明了、易于理解，以便决策者、高校思想政治教育者和学生等各方利益相关者能够准确把握评估结果的内涵和意义。

（二）全面性原则：涵盖教育的各个环节与方面

全面性原则是评估机制的另一个重要原则，它要求在评估过程中必须涵盖思想政治教育的各个方面和环节，确保对思想政治教育工作的全面了解和准确评价。

思想政治教育是一个复杂而系统的工程，它涉及多个层面和领域，包括课堂教学、社会实践、校园文化、心理健康教育等。这些环节相互关联、相互影响，共同构成了思想政治教育的完整体系。

为了实现全面性原则，需要制订详细的评估指标和体系。这些指标和体系应涵盖思想政治教育的各个方面和环节，能够全面反映思想政治教育的实际效果。例如，在课堂教学方面，教师可以评估教学内容的科学性、教学方法的多样性、教学效果的显著性等；在社会实践方面，教师可以评估实践活动的丰富性、实践成果的实效性、学生参与度的积极性等；在校园文化方面，教师可以评估校园文化的感染力、文化活动的多样性、文化育人的实效性等。

评估过程应涵盖思想政治教育的全过程，从教学计划的制订到教学方案的实施，再到教学效果的评估，都应纳入评估范围。此外，还需要注重评估结果的全面性和综合性。评估结果应综合考虑各个方面的评估指标和体系，形成全面、客观的评估报告，为后续的决策提供准确的信息支持。

全面性原则还要求教师在评估过程中注重评估结果的细致入微和差异化呈现。例如，在评估学生思想政治素质时，教师可以考虑学生的年龄、性别、民族、地域等因素，采用不同的评估方法和标准，以确保评估结果的准确性和公平性。

（三）发展性原则：注重反馈与应用，推动持续改进

发展性原则强调评估结果的反馈和应用，注重通过评估推动思想政治教育的持续改进和提升。

评估不仅仅是为了了解思想政治教育的现状和问题，更是为了通过评估结果的反馈和应用，发现问题、优化策略、提升实效。

为了实现发展性原则，需要建立健全评估结果应用机制。评估结果应作为思想政治教育改进和提升的重要依据，纳入教育决策和规划中。例如，高校思想政治教育者可以根据评估结果调整教学计划和方法，优化教育资源配置，加强师资队伍建设，提高思想政治教育的针对性和实效性。同时，还可以将评估结果与高校思想政治教育者的绩效考核、职称评定等挂钩，激励高校思想政治教育者积极参与教学改革和创新。

发展性原则还要求高校思想政治教育者在评估过程中注重创新和探索。评估工作本身也是一种创新和探索的过程，需要不断尝试新的评估方法和手段，探索更加科学、合理的评估模式和机制。例如，可以运用大数据、人工智能等现代信息技术手段，提高评估工作的效率和准确性；还可以借鉴国内外先进的评估理念和实践经验，不断完善和优化评估机制。

三、评估机制的具体构建

（一）明确评估目标：奠定思想政治教育评估的基石

为了确保评估工作的有效性和针对性，高校必须首先明确思想政治教育的评估目标。这些目标不仅关乎教育活动的整体方向和成效，还是后续评估工作的指南和基准。

首先，明确评估目标的首要任务是界定其实现程度。教育目标是思想政治教

育的核心，它规定了教育活动应达到的预期效果，包括学生的思想道德素质提升、政治觉悟增强、社会责任感培养等多个方面。通过评估，可以了解这些目标在实际教育过程中的实现情况，从而判断教育活动的成效。

其次，评估目标还应涵盖课程体系的优化程度。课程体系是思想政治教育活动的重要载体和核心支撑，其合理性和有效性直接影响教育效果。在评估时，应关注课程内容的时效性、针对性，以及课程结构的合理性，判断课程体系是否能够满足学生成长成才的需求，是否有助于教育目标的实现。

此外，教学方法的创新程度也是评估目标的重要组成部分。教学方法的创新性和适用性对于激发学生的学习兴趣、提高教学效果至关重要。在评估时，应关注教学方法是否多样、灵活，能否适应不同学生的需求和特点，是否有助于培养学生的自主学习能力和创新思维能力。

通过明确这些评估目标，高校可以为思想政治教育评估工作提供清晰的方向和依据。这不仅有助于评估工作的顺利进行，而且有助于确保评估结果的准确性和有效性。明确的评估目标还能引导教育活动向更加科学、合理的方向发展，通过指标牵引优化教学过程，实现思想政治教育效果的螺旋式提升。

（二）制订评估标准：构建科学合理的评估体系

在明确了评估目标之后，高校需要制订科学、合理的评估标准，以便将教育目标的实现程度、课程体系的优化程度、教学方法的创新程度等方面内容纳入其中进行综合评价。评估标准的制订是评估工作的关键环节，它直接关系到评估结果的客观性和公正性。

首先，评估标准应具有可操作性。这意味着评估标准必须是具体的、明确的，能够直接应用于评估实践中。

其次，评估标准应具有可衡量性。评估标准应是可以量化的，或者至少可以通过一定的方式转化为可量化的指标。例如，在对课程体系的优化程度进行评估时，可以从课程设置的合理性、课程内容的更新速度、课程结构的完整性等方面来制订具体的量化指标。这些指标可以通过数据分析、问卷调查等方式进行衡量，从而得出客观的评估结果。

在制订评估标准时，高校还需要充分考虑思想政治教育的特殊性和复杂性。思想政治教育不仅涉及学生的知识掌握和技能培养，还涉及学生的思想观念、价值取向等方面。因此，评估标准应该既关注学生的认知发展，又关注学生的爱国情感、积极人生态度和正确价值观等方面的培养。评估标准还应该具有灵活性和开放性，能够随着教育环境的变化而不断调整和完善。

（三）选择评估方法：确保评估结果的准确性和可靠性

高校在选择评估方法时，必须根据实际情况进行综合考虑，选择适合的评估方法。常用的评估方法主要有问卷调查法、访谈法、观察法、测试法等。

问卷调查法是一种常用的评估方法。通过设计合理的问卷，可以收集到大量关于学生思想道德素质、课程教学效果、教学方法创新等方面的信息。问卷调查法具有操作简便、成本低廉、数据易于处理等优点。然而，问卷调查法也存在一些局限性，如问卷设计的合理性、问卷填写的真实性等问题都可能影响评估结果的准确性。因此，在使用问卷调查法时，需要严格控制问卷的设计和施测过程，确保数据的真实性和可靠性。

访谈法也是一种重要的评估方法。通过与学生、教师、管理人员等进行面对面的交流，可以深入了解他们的思想观念、教学经验、管理实践等方面的情况。访谈法具有灵活性强、信息深入等优点。然而，访谈法也存在一些缺点，如访谈者的主观性、访谈对象的代表性等问题都可能影响评估结果的客观性。因此，在使用访谈法时，需要选择具有丰富经验和专业素养的访谈者，并确保访谈对象能够代表被访谈群体的共同特征。

观察法是一种直接了解教育现场情况的方法。通过观察学生在课堂上的表现、课外活动、社会实践等方面的情况，可以直观地了解思想政治教育的实际效果。观察法具有直观性强、信息真实等优点。然而，观察法也存在一定的局限性，如观察者的主观性、观察时间的有限性等问题都可能影响评估结果的全面性。因此，在使用观察法时，需要选择具有专业素养和客观态度的观察者，并合理安排观察时间和观察内容。

测试法是一种通过测试来评估学生知识掌握情况和技能水平的方法。通过设计合理的测试题，可以了解学生对思想政治教育内容的学习情况和应用能力。测试法具有客观性强、结果易于量化等优点。然而，测试法也存在一些缺点，如测试题的合理性和难度、测试过程的规范性等问题都可能影响评估结果的准确性。因此，在使用测试法时，需要构建全流程质量控制体系，确保测试的公正性和有效性。

除了上述方法，还可以根据实际需要选择其他评估方法，如案例分析法、文献研究法等。在实际评估过程中，应该综合运用多种评估方法，充分发挥各种方法的优点，弥补彼此的不足。通过综合运用多种评估方法，可以提高评估结果的准确性和可靠性，为思想政治教育的持续改进和创新提供有力的支持。

（四）实施评估过程：确保评估工作的有序进行

在明确了评估目标、评估标准、评估方法之后，高校需要按照计划和标准开展评估工作。评估过程的实施是评估工作的核心环节，它直接关系到评估结果的准确性和有效性。

在实施评估过程之前，高校需要制订详细的评估计划。评估计划应该包括评估的时间安排、评估的具体内容、评估的方法选择、评估人员的分工合作等方面。制订详细的评估计划，可以确保评估工作的有序进行，避免评估过程中的混乱和失误。

在实施评估的过程中，高校需要注重收集和分析相关数据信息。数据信息是评估工作的基础，它们直接关系到评估结果的客观性与准确性。

（五）反馈评估结果：推动思想政治教育的持续改进

在完成评估工作后，高校需要及时反馈评估结果。评估结果的反馈是评估工作的最后环节，也是评估工作成果的重要体现。反馈评估结果，可以帮助教师、学生和管理人员了解思想政治教育的实际效果和存在的问题，从而为他们提供改进和创新的依据与方向。

高校需要注意评估结果的准确性和可读性。评估结果的准确性是评估工作的生命线，它直接关系到评估结果的可信度和权威性。因此，需要确保评估数据的真实性和可靠性，避免虚假数据和错误信息对评估结果的影响。同时，还需要注意评估结果的可读性，让评估结果更加易于理解和接受。

此外，在反馈评估结果时，高校还需要针对评估结果中存在的问题和不足提出具体的改进措施与建议。改进措施建议是评估工作成果的重要转化和应用，它们可以直接指导思想政治教育工作的改进和创新。因此，在提出改进措施与建议时，需要充分考虑评估结果中反映出来的问题和不足，结合实际情况和教育需求，提出具有针对性和可操作性的改进措施与建议。例如，针对课程体系中存在的问题，可以提出优化课程结构、更新课程内容等改进措施；针对教学方法中存在的不足，可以提出创新教学方法、提高教学效果等改进建议。

四、评估机制的创新与实践

为了更全面地了解教育实效、更精准地定位问题、更高效地促进改进，高校必须积极探索评估机制的新模式、新方法。其中，运用大数据和人工智能技术、建立动态评估机制、推动多元化评估主体参与，是当前评估机制创新与实践的重要方向。

（一）运用大数据和人工智能技术：开启思想政治教育评估的新篇章

大数据和人工智能技术已经渗透到社会的各个领域，教育领域也不例外。高校作为知识传播与创新的重要阵地，更应紧跟时代步伐，充分运用大数据和人工智能技术，对思想政治教育数据进行深度挖掘和分析，为评估工作提供有力支撑。

大数据技术的运用，使得高校能够收集到海量、多维度的思想政治教育相关信息。这些信息不仅包括学生的学习成绩、出勤情况、课堂表现等，还包括学生的网络行为、社交互动、情感变化等。通过大数据技术的处理和分析，高校可以更加全面地了解学生的思想动态和学习需求，从而更加精准地评估思想政治教育的效果。

例如，通过分析学生在网络社交平台上的言论和互动，高校可以及时了解学生对社会热点问题的看法和态度，掌握学生的思想动态。通过对学生学习数据的分析，高校可以发现学生在学习过程中存在的问题和困难，为个性化教学提供有力支持。此外，大数据技术还可以帮助高校预测学生的发展趋势，为思想政治教育工作的前瞻性和针对性提供科学依据。

人工智能技术的运用，则进一步提升了思想政治教育评估的智能化水平。在思想政治教育评估中，人工智能可以辅助评估人员进行数据清洗、特征提取、模型构建等工作，提高评估的效率和准确性。例如，人工智能可以根据学生的学习数据和行为模式，构建个性化评估模型，对学生的思想政治素质进行精准评估。人工智能还可以对评估结果进行智能分析，发现存在的问题和不足，为改进和提升提供有力支持。此外，人工智能还可以辅助评估人员进行数据可视化展示，使得评估结果更加直观、易懂。

然而，运用大数据和人工智能技术也面临着一些挑战和问题。首先，数据安全和隐私保护是一个重要问题。高校在收集和分析数据时，必须严格遵守相关法律法规，确保学生的个人信息和隐私不受侵犯。其次，数据质量和数据准确性也是影响评估结果的重要因素。高校需要建立健全数据质量保障机制，确保数据的准确性和可靠性。最后，人工智能技术的运用需要专业的技术人才和算法支持，高校需要加强人才培养和技术引进，为评估工作的智能化提供有力保障。

（二）建立动态评估机制：确保思想政治教育工作的持续改进

传统的评估机制往往采用定期评估的方式，如学期末评估、年度评估等。这种评估方式虽然具有一定的规范性和可操作性，但难以及时反映思想政治教育工作的实际情况和存在的问题。因此，高校应建立动态评估机制，定期对思想政治教育工作进行跟踪和评估，确保思想政治教育工作的持续改进。

动态评估机制的核心在于“动态”二字。它要求评估工作不仅要关注结果，而且要关注过程；不仅要关注静态的数据，而且要关注动态的变化。通过建立动态评估机制，高校可以及时了解思想政治教育工作的实施情况和存在的问题，为政策调整和资源优化提供数据支撑。

具体来说，动态评估机制可以包括以下几个方面。

第一，实时数据收集与分析。高校应利用信息技术手段，实时收集思想政治教育工作的相关数据，如学生的学习数据、教师的教学数据、课程的建设数据等。通过实时数据收集与分析，高校可以动态把握师生的思想状况和教学成效，为思想政治教育工作的科学决策和个性化干预提供有力支持。

第二，定期跟踪与反馈。高校应定期对思想政治教育工作进行跟踪和反馈，了解教育工作的实施效果和学生的反馈意见。通过定期跟踪与反馈，高校可以及时优化教育策略，构建起思想政治教育质量持续提升的长效机制。

第三，灵活调整与优化。根据实时数据收集和定期跟踪反馈的结果，高校应灵活调整和优化思想政治教育工作的方案与计划。例如，针对学生学习过程中存在的问题和困难，高校可以及时调整教学内容和教学方法；针对教师教学中存在的问题和不足，高校可以加强教师培训和教学指导工作；针对课程建设中存在的结构性短板，高校可以加强顶层设计和资源整合，构建更具有系统性和针对性的思想政治教育体系。

建立动态评估机制需要高校具备完善的信息技术体系和高效的管理机制。首先，高校需要建立健全的信息技术平台，实现数据的实时收集和分析。其次，高校需要建立一支专业的评估队伍，负责评估工作的具体实施和管理。最后，高校还需要加强与相关部门的沟通和协作，形成合力，共同推动思想政治教育工作的持续改进。

（三）推动多元化评估主体参与：提高评估结果的客观性和公正性

传统的评估机制往往由高校内部的教育管理部门或评估机构主导，这种评估方式虽然具有一定的权威性和专业性，但难以全面反映思想政治教育工作的实际情况。因此，高校应推动多元化评估主体参与，包括教师、学生、家长、社会等各方力量，获得多维视角的评估数据，为思想政治教育质量提升提供立体化诊断依据。

多元化评估主体的参与可以带来多个方面的优势。首先，教师作为思想政治教育工作的实施者，对教育工作有着最为直观和深入的了解。他们的参与可以使得评估工作更加贴近实际，更加具有针对性。其次，学生作为思想政治教育的接受者，对教育工作有着最为直接的体验。他们的参与可以使得评估工作更加关注学生的需求和反馈，体现人文关怀。再次，家长对子女的教育和成长有着较多的关注。他们的参与可以使得评估工作更加关注家庭教育的影响，更加具有全面性。最后，社会作为高校思想政治教育评估的主体，通过用人单位反馈、舆情监测等方式，为检验思想政治教育成效提供客观、真实的参照。

具体来说，推动多元化评估主体参与评估工作可以通过以下几个方法来实现。

第一，建立评估参与机制。高校应建立评估参与机制，明确各方评估主体的权利和义务，为他们的参与提供制度保障。例如，可以设立评估委员会或评估小组，邀请教师、学生、家长和社会代表参与评估工作的决策和实施。

第二，加强评估培训与指导。为确保各方评估主体能够准确理解和把握评估标准与要求，高校应加强评估培训与指导工作，可以通过举办评估培训班、发放评估手册等方式，提高各方评估主体的评估能力和水平。

第三，拓宽评估渠道和方式。为了方便各方评估主体的参与和反馈，高校应拓宽评估渠道和方式，可以通过设立评估信箱、评估热线等反馈渠道，方便各方评估主体随时提出意见和建议。同时，还可以利用信息技术手段，如在线调查、网络问卷等方式，提高评估工作的效率。

然而，推动多元化评估主体参与也面临着一些挑战和问题。首先，各方评估主体的利益诉求可能存在差异，导致评估结果的主观性和多样性。高校需要建立健全评估结果整合机制，对各方评估主体的意见和建议进行综合分析与处理，确保评估结果的客观性和公正性。其次，各方评估主体的参与程度可能存在差异，影响评估工作的全面性和深入性。高校需要加强宣传和动员工作，提高各方评估主体的参与意识和责任感。最后，多元化评估主体的参与需要高校具备更加开放和包容的管理理念。高校需要加强与相关部门的沟通和协作，形成合力，共同推动多元化评估主体的参与和实践。

第六章　高校思想政治教育的队伍建设

本章聚焦高校思想政治教育的队伍建设，旨在探讨如何构建一支政治素质高、业务能力强、道德品质优的思想政治教育队伍。首先，本章明确了高校思想政治教育队伍的素质要求，包括坚定的政治立场与信仰、专业的教学与研究能力、高尚的师德师风与人格魅力、良好的心理调适与抗压能力、广博的知识面与人文素养。其次，阐述了高校思想政治教育队伍建设的意义，指出其在提升思想政治教育效果与质量、推动高校立德树人根本任务的实现、增强高校意识形态工作的主动权与话语权、促进高校思想政治教育工作的创新与发展等方面的重要作用。最后，提出了高校思想政治教育队伍建设的策略，包括加强选拔与培养机制建设、强化师德师风建设、推动教育教学改革与创新、加强科研与学术交流、优化队伍结构与配置、强化实践锻炼与社会服务等，以期为高校思想政治教育队伍的持续健康发展提供有力支持。

第一节　高校思想政治教育队伍的素质要求

一、政治素质：坚定的政治立场与信仰

高校思想政治教育队伍是塑造学生世界观、人生观、价值观的重要力量，其政治素质不仅是立德树人的根本前提，而且是确保思想政治教育工作保持正确方向的关键所在。政治素质既体现在对党的路线方针政策的坚定拥护上，也体现在对马克思主义理论的深刻理解和坚定信仰上。这种素质不仅关乎高校思想政治教育者自身的政治觉悟和理论水平，而且直接影响到所培养人才的政治方向和思想品质。

（一）坚定的政治立场

高校思想政治教育者必须始终在政治立场上同党中央保持高度一致，这是确保思想政治教育工作正确导向的根本前提。坚持社会主义办学方向，不仅是我国教育事业的本质要求，而且是培养社会主义建设者和接班人的根本保证。这要求高校思想政治教育者熟悉党的奋斗历史，深刻理解党的宗旨和使命，能够在复杂多变的社会环境中，始终保持清醒的政治头脑，准确判断形势。

具体来说，坚定的政治立场体现在以下几个方面。

理论认同：高校思想政治教育者必须深刻认同马克思主义理论，包括其哲学基础、政治经济学和科学社会主义等内容。这是理解党的路线方针政策的基础，也是坚持社会主义办学方向的理论支撑。只有真正理解了马克思主义的基本原理，才能在实践中自觉运用这些原理去分析问题、解决问题，引导学生树立正确的世界观、人生观和价值观。

政策拥护：高校思想政治教育者必须坚决拥护党的路线方针政策，特别是关于教育工作的重大决策部署。这就要求高校思想政治教育者不仅要关注政策本身的内容，还要深入理解政策背后的战略意图。在实际教学工作中，高校思想政治教育者要积极宣传党的政策，引导学生正确理解和执行政策，坚定社会主义信念。

环境应对：在复杂多变的社会环境中，高校思想政治教育者必须始终保持清醒的政治头脑，准确判断形势，引导学生正确看待和分析社会现象。这就要求高校思想政治教育者具备敏锐的政治洞察力，能够及时发现并纠正学生的错误思想和行为倾向，确保思想政治教育工作的正确导向。高校思想政治教育者还要善于运用马克思主义的观点和方法去分析问题、解决问题，提高学生的政治敏锐性和政治鉴别力。

《新时代高等学校思想政治理论课教师队伍建设规定》明确指出，思想政治课教师应当增强“四个意识”，坚定“四个自信”，做到“两个维护”，始终在政治立场、政治方向、政治原则、政治道路上同以习近平同志为核心的党中央保持高度一致。这一规定为高校思想政治教育者的政治立场设定了明确的标准，也为加强思想政治课教师队伍建设提供了重要遵循。

首先，“四个意识”，即政治意识、大局意识、核心意识、看齐意识，是维护党的团结统一、推进全面从严治党的必然要求。高校思想政治教育者必须牢固树立“四个意识”，特别是在政治立场上要始终保持清醒和坚定，始终同党中央保持高度一致。

其次，“四个自信”即道路自信、理论自信、制度自信、文化自信，是中国特色社会主义伟大事业不断取得胜利的根本保障。高校思想政治教育者必须坚定“四个自信”，特别是理论自信，即坚信马克思主义理论的科学性和真理性，坚信中国特色社会主义理论体系的正确性和指导性。只有坚定了理论自信，才能在实践中自觉运用马克思主义理论去分析问题、解决问题。

最后，“两个维护”即坚决维护习近平总书记党中央的核心、全党的核心地位，坚决维护党中央权威和集中统一领导。高校思想政治教育者必须做到“两个维护”，特别是在政治立场上要始终保持清醒和坚定，始终同以习近平同志为核心的党中央保持高度一致。这要求高校思想政治教育者在实际工作中要自觉服从党的领导，认真贯彻党的决策部署，保障思想政治教育工作的正确导向。

（二）深厚的政治理论功底

高校思想政治教育者不仅需要坚定政治立场，而且需要具备扎实的马克思主义理论功底。这是深入理解和阐释马克思主义的基本原理与中国特色社会主义理论体系的基础，也是提高思想政治教育针对性和实效性的关键。

具体来说，深厚的政治理论功底体现在以下几个方面。

经典著作研读：高校思想政治教育者必须认真研读马克思主义的经典著作，如《资本论》《共产党宣言》等，深入理解马克思主义的基本原理和精神实质。这些经典著作是马克思主义理论的源泉和基石，只有真正读懂了这些著作，才能深刻把握马克思主义的理论体系和思想精髓。高校思想政治教育者还要关注马克思主义理论的新发展、新成果，不断更新自己的知识结构和理论视野。

基本原理掌握：高校思想政治教育者必须熟练掌握马克思主义的基本原理和方法论，包括唯物论、辩证法、认识论、历史观等内容。这些基本原理是马克思主义理论的核心和精髓，也是认识和改造世界的强大思想武器。高校思想政治教育者要运用这些基本原理去分析问题、解决问题。高校思想政治教育者还要关注马克思主义理论在当代中国的实践和发展，将理论与实践相结合。

理论体系构建：高校思想政治教育者必须深入理解中国特色社会主义理论体系的内容和意义，包括邓小平理论、“三个代表”重要思想、科学发展观、习近平新时代中国特色社会主义思想等。这些理论是中国共产党人在实践中不断探索和创新的结果，是马克思主义中国化的理论成果。高校思想政治教育者要准确把握这些理论的精神实质和核心要义，并将其融入思想政治教育工作中去，引导学生深刻认识中国特色社会主义的历史必然性、科学真理性和伟大实践性。

思想政治课教师要在大是大非面前保持政治清醒。这种政治清醒来源于对马克思主义理论的深刻理解和把握，只有具备深厚的政治理论功底，才能在复杂的社会环境中保持坚定的政治立场。

具体来说，高校思想政治教育者要善于运用马克思主义的观点去分析问题、解决问题。在面对复杂多变的社会现象时，高校思想政治教育者要能够透过现象看本质，准确把握问题的性质和根源。

二、业务素质：专业的教学与研究能力

高校思想政治教育者作为塑造学生思想灵魂的重要引路人，不仅需要具备过硬的政治素质，更需要深厚的理论素养。这主要体现在其卓越的教学能力和扎实的研究能力上。这两方面能力的有机结合，是确保思想政治教育工作有效实施、深入人心的关键所在。

（一）卓越的教学能力：灵活多样，激发学生兴趣

教学是高校思想政治教育者传递知识、启迪智慧的核心途径。具备卓越的教学能力，对于每一位高校思想政治教育者而言都是不可或缺的基本素养。

1. 深入了解学生，因材施教

卓越的教学能力体现在高校思想政治教育中能够深入了解学生的特点与需求上。每个学生都是独一无二的个体，他们有着不同的成长背景、兴趣爱好、认知水平和心理特征。因此，高校思想政治教育者必须运用心理学、教育学等多学科知识，全面把握学生的实际情况。在此基础上，高校思想政治教育者应针对不同学生的特点，采用个性化的教学策略和方法，真正做到因材施教。例如，对于理论基础扎实、思维活跃的学生，高校思想政治教育者可以引导他们深入探讨理论问题，培养其批判性思维和创新能力；而对于理论基础相对薄弱、学习兴趣不高的学生，则可以通过列举生动有趣的案例、互动讨论等方式，激发他们的学习兴趣和积极性。

2. 灵活运用教学方法，提升教学效果

教学方法和手段的创新与运用，是提升教学效果的重要途径。高校思想政治教育者应具备开阔的视野和敏锐的洞察力，紧跟时代步伐，不断学习与掌握新的教学技术和手段。例如，随着信息技术的飞速发展，多媒体教学、远程教学等教

学方式应运而生。高校思想政治教育者应充分利用这些现代技术手段，丰富教学手段，提高教学效率。高校思想政治教育者还应注重教学方法的多样性，如采用启发式、讨论式、案例式、情境式等多种教学方法，激发学生的学习兴趣和主动性。在实际教学中，高校思想政治教育者应根据教学内容和学生的实际情况，灵活运用这些教学方法和手段，形成具有个人特色的教学风格。

3. 注重教学反馈，持续优化教学策略

教学是一个动态的过程，需要高校思想政治教育者不断根据学生的反馈和学习情况进行调整和优化。高校思想政治教育者可通过课堂观察、作业批改、课后辅导、学生评价等多种方式，及时了解学生的学习情况和教学效果，并在此基础上深入分析教学过程中存在的问题，及时调整教学策略和方法。例如，如果发现学生对某个理论知识点掌握得不牢固，高校思想政治教育者就可以通过增加课堂讲解、布置相关作业、组织专题讨论等方式进行强化；如果发现学生对某种教学方法不适应，高校思想政治教育者就可以尝试采用其他教学方法进行补充。通过不断优化教学策略和方法，高校思想政治教育者可以不断提高教学水平和教学质量。

此外，随着时代的发展和教育改革的深入推进，高校思想政治教育者还应不断学习和掌握新的教学理念与模式。例如，《新时代高等学校思想政治理论课教师队伍建设规定》明确提到，思政课教师应当深化教学改革创新。这要求高校思想政治教育者要增强思政课的思想性、理论性和亲和力、针对性，全面提高思政课的质量和水平。

（二）扎实的研究能力：深入探索，创新引领

具备扎实的研究能力，对于每一位高校思想政治教育者而言，都是实现个人价值、服务社会发展的重要保障。

1. 紧跟学科前沿，把握研究方向

思想政治教育作为一门具有鲜明时代特征和实践要求的学科，其研究领域和内容不断扩展与深化。高校思想政治教育者应关注学科前沿动态，了解国内外相关领域的最新研究成果和发展趋势。通过参加学术会议、阅读专业期刊、访问学术网站等多种方式，高校思想政治教育者可以及时了解学科前沿动态和热点问题，为自己的研究工作提供有益的参考和借鉴。在此基础上，高校思想政治教育者应结合自己的研究方向和兴趣点，明确自己的研究目标和重点。例如，可以关

注马克思主义理论的新发展、中国特色社会主义的新实践、思想政治教育的新模式等热点问题，开展深入的理论研究和实践探索。

2. 结合实际情况，开展深入研究

研究不是脱离实际的空谈，而是与实际情况紧密结合的实践活动。高校思想政治教育者应深入社会实际，了解社会发展和变革中的新情况、新问题和新挑战，通过实地调研、访谈交流、案例分析等多种方式，获取第一手资料和数据，为自己的研究工作提供有力的支撑。在此基础上，高校思想政治教育者应运用马克思主义理论和方法论，对实际问题进行深入分析和研究。例如，可以针对大学生思想政治教育中的热点和难点问题，如理想信念教育、爱国主义教育、社会责任感培养等，开展深入的理论研究和实践探索，通过提出具有创新性和实用性的研究成果，为实际工作提供有益的指导和参考。

3. 注重成果转化，推动学科发展

研究的最终目的是更好地服务实践、推动学科发展。高校思想政治教育者应注重研究成果的转化和应用，将理论研究成果转化为实际工作中的具体措施和方法。例如，可以将研究成果应用于思想政治课教学改革、学生思想政治教育、校园文化建设等方面，提高思想政治教育的针对性和实效性。高校思想政治教育者还应积极推广和宣传自己的研究成果，通过发表学术论文、参加学术会议、出版学术著作等方式，与同行进行交流和分享。通过推动学科发展和学术交流，高校思想政治教育者可以不断提升自己的学术影响力和社会声誉。

《新时代高等学校思想政治理论课教师队伍建设规定》强调，思政课教师应当加强教学研究。坚持以思想政治课教学为核心的科研导向，这要求高校思想政治教育者不仅要关注教学过程中的实际问题，而且要通过科学研究来深化对思想政治课教学规律的认识和理解。高校思想政治教育者应紧紧围绕马克思主义理论开展科研，深入研究思想政治课教学方法和教学重点难点问题。例如，可以探索如何运用现代信息技术手段提高思想政治课的教学效果、如何构建符合新时代要求的思想政治课课程体系等问题。高校思想政治教育者还应深入研究坚持和发展中国特色社会主义的重大理论和实践问题，不断推动思想政治教育学科的发展和创新。

三、道德素质：高尚的师德师风与人格魅力

高尚的师德师风与独特的人格魅力，不仅是高校思想政治教育者个人品质的

体现，更是赢得学生尊重与信任、提升教育效果的重要基石。

（一）高尚的师德师风：身教重于言传，树立道德标杆

师德师风不仅是高校思想政治教育者职业道德的外在表现，更是其内在品质与精神风貌的集中体现。高尚的师德师风要求高校思想政治教育者以身作则、言传身教，用自己的实际行动为学生树立良好的道德榜样。

1. 恪守职业道德规范，恪守教育底线

高校思想政治教育者必须时刻恪守职业道德规范，明确自己的职责，严格遵守宪法和法律法规，依法履行教师职责，坚决抵制任何损害党中央权威、国家利益的言行。高校思想政治教育者还应秉持公正、公平、公开的原则，对待每一个学生都一视同仁，不因个人喜好或偏见而有所偏颇。广大思想政治课教师要强化规则意识，牢记“底线思维”，这正是对高校思想政治教育者坚守职业道德规范、恪守教育底线的生动诠释。

在实际工作中，高校思想政治教育者应时刻提醒自己：教育是一项神圣的事业，必须保持高度的责任感和使命感。无论是课堂教学还是学术研究，都应秉持认真负责的态度，以严谨治学的精神深耕教育，用求真务实的行动启迪学生成长。高校思想政治教育者还应积极参与学校和社会公益活动，用自己的实际行动践行社会主义核心价值观，为学生树立道德榜样。

2. 展现高尚道德情操，弘扬社会正气

高尚的师德师风不仅体现在高校思想政治教育者的职业操守上，更体现在其日常生活中的道德情操上。高校思想政治教育者应时刻注重自己的言行举止，做到言行一致、表里如一。在面对复杂多变的社会现象时，高校思想政治教育者应保持清醒的头脑和独立的判断力，不随波逐流、不盲目跟风。高校思想政治教育者还应积极弘扬社会正气，传递正能量，用自己的言行影响和感染学生。

例如，在面对网络谣言和虚假信息时，高校思想政治教育者应坚决予以驳斥和揭露，引导学生树立正确的网络道德观念。在面对社会不公和不良现象时，高校思想政治教育者应勇于发声、敢于担当，用自己的实际行动维护社会公正和良知。通过这些具体行动，高校思想政治教育者不仅展现了自己的高尚道德情操，更赢得了学生的尊重和信任。

3. 注重师德修养，不断提升自我

高尚的师德师风不是一蹴而就的，而是需要高校思想政治教育者不断修炼和

提升的。高校思想政治教育者应时刻保持谦虚谨慎的态度，虚心向他人学习请教，不断完善自己的知识结构和能力体系。高校思想政治教育者还应注重自我反思和总结经验教训，及时发现并纠正自己的不足之处。

《新时代高等学校思想政治理论课教师队伍建设规定》强调，思想政治课教师应当模范践行高等学校教师师德规范，做到信仰坚定、学识渊博、理论功底深厚。这要求高校思想政治教育者不仅要具备扎实的专业知识和卓越的教学能力，更要注重师德修养和人格魅力的提升。通过不断学习和实践，高校思想政治教育者可以不断完善自己的师德师风体系，成为学生心目中的道德标杆和榜样。

（二）独特的人格魅力：以情动人，以行感人

除了高尚的师德师风，独特的人格魅力也是高校思想政治教育者不可或缺的重要素质之一。独特的人格魅力能够深深地吸引和感染学生，使他们在潜移默化中受到教育和影响。

1. 内在修养深厚，彰显人格魅力

独特的人格魅力来源于高校思想政治教育者的内在修养和外在表现。内在修养包括思想品质、道德情操、文化素养等方面；外在表现则包括言谈举止、仪表风度等方面。高校思想政治教育者应注重内在修养的提升，通过不断学习和实践来丰富自己的精神世界与人生阅历。

例如，高校思想政治教育者可以通过阅读经典著作、参加学术研讨、参与社会实践等方式来提升自己的思想品质和道德情操。高校思想政治教育者还应注重自己的仪表风度和言行举止，做到举止端庄、言谈得体。这些细微之处虽然看似微不足道，却能够深刻地影响学生的感知和认知。

思想政治教师要强化道德修炼，塑造高尚品格。这要求高校思想政治教育者不仅要注重外在形象的塑造，更要注重内在品质的修炼。通过不断反思和总结自己的言行举止，以德立身、以学润心、以行示范，真正成为学生思想成长的引路人。

2. 情感真挚投入，赢得学生信任

独特的人格魅力还体现在高校思想政治教育者的情感投入上。情感真挚投入能够让学生感受到高校思想政治教育者的关心和关爱，从而建立起深厚的师生情谊。高校思想政治教育者应注重与学生的情感交流和沟通，了解他们的内心世界和需求，为他们提供及时有效的帮助和支持。

例如，高校思想政治教育者可以通过生动的讲解和互动环节来激发学生的学习兴趣与积极性；在课外辅导中，高校思想政治教育者可以耐心细致地解答学生的疑惑和问题；在生活中，高校思想政治教育者可以关心学生的身心健康和成长发展，为他们提供必要的指导和帮助，以赢得学生的信任和尊重，建立起良好的师生关系。

3. 行为示范引领，传递正能量

独特的人格魅力还体现在高校思想政治教育者的行为示范和引领作用上。高校思想政治教育者应时刻注意自己的言行举止和仪表风度，做到以身作则、言传身教。通过自己的实际行动来传递正能量和积极向上的生活态度，引导学生树立正确的世界观、人生观和价值观。

例如，在面对困难和挑战时，高校思想政治教育者应展现出坚忍不拔的意志和勇往直前的精神；在面对成功和荣誉时，高校思想政治教育者应保持谦虚谨慎的态度和不断进取的精神。这些行为的示范和引领作用能够深深地感染与影响学生，使他们在潜移默化中受到教育和熏陶。

此外，高校思想政治教育者还应注重学生社会责任感和使命感的培养。通过组织学生参加社会公益活动等方式来提升他们的社会责任感与使命感，为学生树立正面的榜样和示范。

四、心理素质：良好的心理调适与抗压能力

高校思想政治教育者的工作，既承载着传播先进思想、塑造学生灵魂的重任，又肩负着引领时代精神、培育担当民族复兴大任时代新人的使命。这一工作性质决定了高校思想政治教育者必须具备良好的心理素质，特别是心理调适能力和抗压能力，以应对工作中的各种挑战和压力，确保长期保持积极的心态和高昂的工作热情。

（一）良好的心理调适能力：冷静理性，应对挑战

高校思想政治教育者的工作充满挑战，这些挑战不仅来自时代变革对理论深度的要求，还源自学生思想的多元化。因此，高校思想政治教育者必须具备良好的心理调适能力，以冷静理性的态度面对工作中的各种压力和挑战。

1. 自我认知与情绪管理

高校思想政治教育者需要具备清晰的自我认知，能够准确识别并理解自己的

情绪状态。高校思想政治教育者可能会遇到诸如学生突发事件等问题，这些都可能引发高校思想政治教育者的情绪波动。为了保持工作的稳定性和有效性，高校思想政治教育者需要学会有效地管理自己的情绪，避免情绪化的决策和行为。

高校思想政治教育者需要在识别并接纳自己情绪的基础上，掌握一定的情绪调节技巧。例如，当感到压力或焦虑时，可以通过深呼吸、冥想、正念练习等方法来放松身心，缓解紧张情绪。高校思想政治教育者还可以尝试通过运动、听音乐、阅读等方式来转移注意力，减轻工作压力。

高校思想政治教育者还需要学会建立积极的自我对话，用正面、鼓励性的语言来替代负面、消极的语言。通过积极的自我对话，高校思想政治教育者可以增强自信心和内在动力，以更加饱满的热情投入工作中去。

2. 主动寻求外部支持

面对工作压力和挑战，高校思想政治教育者不应孤军奋战，而应主动寻求外部的支持和帮助。这种支持可以来自同事、朋友或家人、专业心理咨询师等。与同事交流工作经验和心得，可以相互启发、共同进步；与朋友或家人倾诉工作中的困惑和烦恼，可以获得情感上的慰藉和支持；向专业心理咨询师寻求帮助，则可以获得更加专业、系统的指导和建议。

在寻求外部支持的过程中，高校思想政治教育者需要保持开放的心态和诚实的态度，不要害怕暴露自己的弱点和不足，因为每个人都有遇到困难和挑战的时候。通过主动寻求支持，高校思想政治教育者既能有效缓解工作压力和负面情绪，又能增强自己的社会支持，从而为持续开展铸魂育人工作筑牢心理根基和资源基础。

3. 培养积极心态与乐观态度

积极的心态和乐观的态度是心理调适的重要组成部分。高校思想政治教育者应培养一种积极向上的生活态度，学会从困难和挑战中寻找成长的空间。在面对工作中的挫折和失败时，高校思想政治教育者需要保持冷静和理性，分析问题的原因和教训，并从中汲取经验和力量。

高校思想政治教育者还需要关注工作中的积极面，如学生的进步、教学成果的取得等。通过关注积极面，高校思想政治教育者可以不断激励自己，保持对教育事业的热情和动力。此外，高校思想政治教育者还可以尝试将工作中的挑战和困难视为成长的机会和动力，从而以更加积极的心态去面对和解决问题。

4. 时间管理与工作规划

良好的时间管理和工作规划也是心理调适的有效手段。高校思想政治教育者需要合理安排工作时间，确保既有足够的时间用于教学工作，又有时间进行自我提升和休息放松。通过制订明确的工作计划，高校思想政治教育者可以更有条理地开展工作，减少因时间紧迫而产生的焦虑和压力。

在时间管理方面，高校思想政治教育者可以采用一些有效的工具和方法，如番茄工作法、时间日志等。这些方法可以帮助高校思想政治教育者更好地掌握自己的工作时间和进度，提高工作效率和质量。高校思想政治教育者还需要学会拒绝一些不必要的工作和任务，避免过度承担导致身心疲惫。

（二）强大的抗压能力：坚定信心，迎接挑战

高校思想政治教育者需要具备强大的抗压能力，以坚定的信心和决心迎接各种困难和挑战。

1. 坚强的意志与毅力

坚强的意志和毅力是抗压能力的重要组成部分。高校思想政治教育者需要具备不畏艰难、勇往直前的精神品质，需要保持坚定的信心和决心，以应对工作中可能出现的各种困难和挑战。

坚强的意志和毅力不仅能够帮助高校思想政治教育者克服工作中的障碍，还能够让教师在面对困难和挑战时保持积极向上的态度。高校思想政治教育者可以通过自己的言行和行动来传递正能量和信心，引导学生树立正确的价值观和人生观。

为了形成坚强的意志和毅力，高校思想政治教育者需要不断挑战自己、超越自己，可以尝试接受一些具有挑战性的任务和项目，如参加教学比赛、承担科研课题等。通过这些挑战和锻炼，高校思想政治教育者可以逐渐增强自己的自信心和抗压能力，为未来的工作和生活奠定更加坚实的基础。

2. 灵活应对突发情况

灵活应对突发情况要求高校思想政治教育者具备敏锐的洞察力和判断力。能够迅速识别问题的本质和关键所在，并采取相应的措施加以解决。这要求高校思想政治教育者不仅需要具备扎实的专业知识和教育技能，而且需要具备丰富的实践经验和应对能力。

为了提高灵活应对突发情况的能力，高校思想政治教育者需要不断积累经验

和提升应变能力，通过参加模拟演练、案例分析等活动来锻炼自己的应对能力。高校思想政治教育者还需要保持对新技术和新方法的敏感度，不断学习和掌握新的教育技术与方法，以更加高效地应对各种突发情况。

3. 持续学习与自我提升

面对不断变化的教育环境和学生需求，高校思想政治教育者需要保持持续学习的态度，不断提升自己的专业素养和教育能力。通过参加培训、阅读专业书籍、参与学术交流等方式，高校思想政治教育者可以不断更新自己的知识和观念，提高应对复杂情况的能力。

持续学习不仅可以帮助高校思想政治教育者掌握最新的教育技术和方法，还可以增强他们的自信心和底气。在面对工作中的挑战和困难时，高校思想政治教育者可以更加从容不迫地应对各种情况。同时，持续学习还可以帮助高校思想政治教育者拓宽视野和思路，为思想政治教育提供更加丰富和多元的视角与思路。

为了保持持续学习的态度，高校思想政治教育者需要制订明确的学习计划，根据自己的实际情况和需求来选择适合自己的学习方式与内容。此外，高校思想政治教育者还需要积极参加各种学术交流和研讨活动，与同行分享经验和心得，共同推动思想政治教育事业的发展。

4. 培养韧性与恢复力

韧性和恢复力是抗压能力的重要组成部分。高校思想政治教育者应形成一种在面对挫折和失败时能够有效应对的能力。这要求高校思想政治教育者在面对困难和挑战时保持积极的心态与乐观的态度，相信自己能够克服困难并取得成功。

培养韧性和恢复力需要高校思想政治教育者具备坚定的信念与自信心。高校思想政治教育者需要学会调整自己的心态和情绪，避免陷入消极和沮丧的情绪中无法自拔。

为了增强韧性和恢复力，高校思想政治教育者可以尝试进行一些心理训练和辅导活动，如参加心理韧性训练课程、接受心理咨询等。这些活动可以帮助高校思想政治教育者更好地了解自己的心理状态和需求，并提供相应的支持和帮助。高校思想政治教育者还可以尝试通过运动、旅行等方式来放松身心、缓解压力，提升自己的身心素质和抗压能力。

五、文化素质：广博的知识面与人文素养

高校思想政治教育者作为青年学生思想引领的重要力量，其知识结构的广度

与深度，以及人文素养的高低，直接关系到教育效果的好坏。在新时代背景下，面对学生日益多元化的需求和经济全球化浪潮的冲击，高校思想政治教育者必须具备广博的知识面和深厚的人文素养，以更好地履行教育职责，促进学生全面发展。

（一）广博的知识面：融合多领域知识，提供全面教育服务

高校思想政治教育者的工作性质决定了他们必须拥有广博的知识。这既是教学工作的需要，也是引导学生形成全面、客观的世界观的基础。广博的知识应涵盖政治、经济、文化、社会等多个领域，使高校思想政治教育者能够在复杂多变的社会环境中，为学生提供准确、深入的分析与指导。

1. 掌握本学科专业知识

高校思想政治教育者的首要任务是精通本学科的专业知识，包括马克思主义理论、思想政治教育原理与方法等。这是高校思想政治教育者开展工作的基石，也是其专业权威性的体现。高校思想政治教育者应深入研究马克思主义经典著作，准确把握其精神实质和时代价值，关注学科前沿动态，不断更新和完善自己的知识体系。例如，随着习近平新时代中国特色社会主义思想的不断丰富和发展，高校思想政治教育者应及时将其融入教学内容中，引导学生深入理解和把握党的创新理论。

2. 跨学科知识融合

除了本学科的专业知识，高校思想政治教育者还应广泛涉猎其他领域的知识，如政治学、经济学、社会学、历史学、文化学等。这些知识能够为思想政治教育提供丰富的素材和视角，帮助他们更好地理解社会现象和热点问题。例如，在分析当前的经济形势时，高校思想政治教育者可以运用经济学原理来解释市场波动、就业失业等问题；在探讨文化多样性时，可以结合文化学知识来阐述不同文化背景下的价值观和行为模式。通过跨学科知识的融合，高校思想政治教育者能够为学生提供更加全面和深入的教育服务，增强其分析问题和解决问题的能力。

3. 关注时事热点与社会实践

高校思想政治教育者还应密切关注时事热点和社会实践，将理论知识与现实生活紧密结合起来。这不仅能够增强教学的时效性和针对性，而且能够激发学生的学习兴趣和积极性。例如，针对国内外重大事件或社会热点问题，高校思想政

治教育者可以组织学生进行讨论、辩论或实地考察等活动，引导学生运用所学知识进行分析和判断。通过这种方式，学生不仅能够加深对理论知识的理解，还能够形成独立思考和批判思维的能力。

4. 运用现代科技手段辅助教学

在信息化时代，高校思想政治教育者还应积极运用现代科技手段辅助教学。例如，利用多媒体教学设备展示生动形象的案例和图表；利用网络平台开展在线讨论和互动活动；利用大数据分析学生的学习情况和反馈意见等。这些现代科技手段不仅能够提高教师的教学效果和效率，还能够拓宽学生的视野。

（二）深厚的人文素养：尊重文化差异，培养全球视野

人文素养是高校思想政治教育者不可或缺的重要素质之一。它不仅关系到高校思想政治教育者的个人修养和道德品质，还直接影响到其教育理念和教学方法的选择。在经济全球化时代背景下，高校思想政治教育者应具备深厚的人文素养，能够理解与尊重不同文化和价值观之间的差异，培养学生的全球视野和跨文化意识。

1. 理解和尊重文化差异

人文素养的核心在于对人的尊重和理解。高校思想政治教育者应对不同文化具有包容性，能够理解和尊重不同文化背景下的思想观念和行为模式。这要求高校思想政治教育者不仅要具备跨文化交流和沟通能力，还要能够引导学生正确看待文化差异，培养其开放、包容的心态和跨文化交流的能力。例如，在面对不同的宗教信仰、风俗习惯或价值观念时，高校思想政治教育者应以平等、尊重的态度进行交流和对话，避免偏见和歧视。

2. 培养学生的全球视野

高校思想政治教育者不仅要关注国内社会发展和热点问题，而且要关注国际形势和全球性问题，引导学生从全球视角来审视和思考问题。例如，在分析当前国际形势时，高校思想政治教育者可以引导学生关注全球政治经济格局的变化、国际关系的演变等问题。通过培养学生的全球视野和跨文化意识，高校思想政治教育者能够帮助学生更好地适应新时代的需求和挑战。

3. 注重人文关怀与情感教育

人文素养还体现在高校思想政治教育者对学生的关怀和爱护上。高校思想政治教育者应关注学生的身心健康和全面发展，注重人文关怀和情感教育。这要求

高校思想政治教育者不仅要关注学生的学业成绩和专业技能的提升，而且要关注学生的情感需求和心理状态的变化。例如，在学生遇到困难和挫折时，高校思想政治教育者应给予及时的关心和支持，帮助其排解心理压力和负面情绪；在学生取得进步和成就时，高校思想政治教育者应给予充分的肯定和鼓励，激发其自信心和内在动力。通过人文关怀和情感教育，高校思想政治教育者能够与学生建立起更加紧密的师生关系，为教育工作的顺利开展奠定坚实基础。

4. 提升个人修养与道德品质

高校思想政治教育者还应注重个人修养和道德品质的提升。这既是高校思想政治教育者个人发展的需要，也是其履行教育职责的基本要求。高校思想政治教育者应具备高尚的道德情操和良好的职业道德素养，以身作则、言传身教。例如，在面对诱惑和考验时，高校思想政治教育者应坚守道德底线和职业操守；在面对不同价值观的学生时，高校思想政治教育者应以平等、尊重的态度进行交流和对话；在面对困难和挑战时，高校思想政治教育者应展现出坚忍不拔的精神品质和积极向上的生活态度。通过提升个人修养和道德品质，高校思想政治教育者能够赢得学生的尊重和信任，为教育工作的顺利开展提供有力保障。

第二节　高校思想政治教育队伍建设的意义

一、提升思想政治教育效果与质量

高校思想政治教育队伍建设对于提升思想政治教育的效果与质量具有至关重要的意义。高校思想政治教育者不仅是思想政治教育工作的执行者，更是学生思想成长的引导者和塑造者。一支高素质、专业化的思想政治教育队伍，能够凭借其深厚的理论功底、丰富的实践经验、创新的教育理念，为学生提供更加精准、深入和有效的教育服务，从而显著增强学生的思想政治素质和道德品质。

（一）增强教育的针对性

高校思想政治教育队伍建设能够显著增强教育的针对性，使教育内容和方法更加贴近学生的实际需求与成长规律。增强教育的针对性主要体现在以下几个方面。

1. 深入了解学生的思想动态

高校思想政治教育者通过日常交流、问卷调查、心理测试等多种方式，深入了解学生的思想动态、价值观念、行为习惯，以及存在的困惑和问题。这种深入的了解为制订有针对性的教学计划提供参考。例如，针对当前大学生普遍存在的焦虑、迷茫等心理问题，高校思想政治教育者可以设计相应的心理健康教育课程和活动，帮助学生形成正确的自我认知，提升其心理调适能力。

2. 制订个性化教学方案

在深入了解学生思想动态的基础上，高校思想政治教育者可以针对不同学生的特点和需求，制订个性化的教学方案。这种个性化的教学方案不仅体现在课程内容的选择上，还体现在教学方法和手段的运用上。例如，对于理论功底扎实、善于思考的学生，高校思想政治教育者可以采用研讨式、辩论式的教学方法，激发学生的思维活力；对于实践能力强、动手能力突出的学生，则可以安排更多的社会实践和志愿服务活动，让学生在实践中增长才干、锤炼品质。

3. 关注学生成长规律

高校思想政治教育者还需要关注学生的成长规律，根据学生在不同成长阶段的特点和需求，调整教育内容和方法。例如，在新生入学阶段，高校思想政治教育者可以重点开展入学教育和适应性教育，帮助学生尽快适应大学生活；在毕业就业阶段，则可以加强职业规划和就业指导，帮助学生明确职业方向、提升就业竞争力。这种关注学生成长规律的教育方式，能够使教育更加符合学生的实际需求，提高教育的针对性和实效性。

4. 运用现代教育技术

随着现代教育技术的快速发展，高校思想政治教育者也需要与时俱进，运用新技术手段增强教育的针对性。例如，通过运用大数据和人工智能技术，高校思想政治教育者可以对学生的思想动态进行实时记录和分析，及时发现并解决学生存在的问题；通过虚拟现实、增强现实等技术手段，可以为学生创造更加生动、直观的学习体验，提高教育的吸引力和感染力。

（二）提升教育的效果

高校思想政治教育队伍建设不仅能够增强教育的针对性，还能够显著提升教育效果，使学生在接受思想政治教育的过程中获得更加深刻和全面的理解与认识。这种教育效果的提升主要体现在以下几个方面。

1. 创新教学方法和手段

高校思想政治教育者需要不断探索与创新教学方法和手段，以适应新时代学生的特点和需求。例如，可以采用案例教学、情境教学、项目教学等现代教学方法，将理论知识与实际问题相结合，激发学生的学习兴趣和积极性；可以运用多媒体、网络等现代技术手段，丰富教学手段和形式，提高教学的直观性和生动性。创新教学方法和手段能够打破传统教学的束缚，使教育更加贴近学生的生活实际和思想实际，提高教育的实效性，实现从思想引领到行为践行的完整教育闭环。

2. 强化实践教学环节

实践教学是高校思想政治教育的重要环节，也是提升学生思想政治素质和道德品质的重要途径。高校思想政治教育者需要注重实践教学环节的设计和实施，通过组织社会调查、志愿服务、专业实习等实践活动，让学生在服务社会中砥砺家国情怀，实现知行合一的成长蜕变。例如，可以组织学生深入农村、社区、企业等基层单位开展社会调查和服务活动，让学生亲身体验社会生活的艰辛和不易，增强社会责任感和使命感；可以安排学生到相关单位进行专业实习和实践锻炼，将所学知识与实际工作相结合，提高专业素养和实践能力。

3. 加强师生互动与交流

师生互动与交流是高校思想政治教育过程中不可或缺的一环。加强师生互动与交流，可以增进师生之间的了解和信任，营造良好的教育氛围。高校思想政治教育者需要注重与学生的沟通和交流，及时了解学生的思想动态和学习需求，为学生提供个性化的指导和帮助。例如，可以定期召开学生座谈会、个别谈话等活动，听取学生的意见和建议；可以建立师生微信群、QQ 群等交流平台，方便师生之间的即时沟通和交流。

4. 构建多元化评价体系

构建多元化评价体系是高校思想政治教育效果提升的重要保障。传统的评价体系往往侧重于对学生的知识掌握情况进行考核和评价，而忽视了对学生思想政治素质和道德品质的综合评价。因此，高校思想政治教育者需要构建多元化评价体系，将学生的知识掌握、能力发展、情感升华等多个方面纳入评价范畴。例如，可以采用自我评价、同伴评价、教师评价等多种评价方式相结合的方法，全面、客观地评价学生的思想政治素质和道德品质；可以采用平时成绩、期中考试、期末考试等多种考核形式相结合的方法，综合、全面地评价学生的学习效果和学习成果。构建多元化评价体系能够更加全面、客观地反映学生的思想政治素质和道德品质水平，为教育效果的提升提供科学依据，助力实现从知识传授到价值塑造的全方位育人目标。

5. 注重教育效果的反馈与改进

高校思想政治教育者需要注重教育效果的反馈与改进工作，通过定期收集和分析学生的反馈意见与建议，及时调整和优化教育内容与方法。例如，可以通过问卷调查、座谈会等方式收集学生的反馈意见与建议；可以通过教学检查、教学评估等方式对教学效果进行全面、客观的评价和分析。注重教育效果的反馈与改进能够使高校思想政治教育者及时发现和解决教育过程中存在的问题和不足，不断提升教育效果和质量。

二、推动高校立德树人根本任务的实现

高校思想政治教育队伍建设对于推动高校立德树人根本任务的实现具有不可估量的重要作用。立德树人是教育的根本任务，它要求高校在传授知识的同时，更要注重培养学生的道德品质和社会责任感，使之成为德智体美劳全面发展的社会主义建设者和接班人。高校思想政治教育，作为实现这一目标的重要途径和手段，其队伍建设的质量直接关系到立德树人根本任务的完成效果。

（一）塑造学生正确的价值观

高校思想政治教育队伍建设在塑造学生正确的价值观方面发挥着举足轻重的作用。价值观是个体对事物价值的总体看法和根本观点，它影响着个体的行为选择和生活态度。在社会多元化、信息化的背景下，大学生面临着各种思想观念的冲击和挑战。如何引导他们树立正确的世界观、人生观和价值观，成为高校思想政治教育的重要任务。

1. 深入阐释马克思主义理论和中国特色社会主义理论体系

高校思想政治教育者要通过系统、深入地阐释马克思主义理论和中国特色社会主义理论体系，帮助学生掌握科学的世界观和方法论。马克思主义理论揭示了人类社会发展的客观规律，为我们认识世界和改造世界提供了强大的思想武器。中国特色社会主义理论体系则是马克思主义中国化的理论成果，它紧密结合中国实际，回答了“什么是社会主义、怎样建设社会主义”等一系列重大理论和实践问题。通过深入学习和领会这些理论，学生能够更加清晰地认识社会现象和本质，坚定理想信念，增强政治认同感和社会责任感。

2. 引导学生正确看待与分析社会现象和问题

高校思想政治教育者要引导学生运用所学知识正确看待与分析社会现象和问题。例如，针对社会上存在的各种思潮和观点，高校思想政治教育者可以组织学生进行讨论和辨析，帮助他们明辨是非、区分真伪。通过这一过程，学生能够更加理性地看待社会现象和问题，增强抵御不良思想侵蚀的能力。

3. 增强学生的政治认同感和社会责任感

政治认同感是指个体对政治制度、政治理念、政治价值的认同和接受程度。社会责任感则是指个体对社会和他人所承担的责任、义务的认识与态度。高校思想政治教育者通过加强爱国主义教育、集体主义教育和社会主义教育，增强学生的国家意识、民族意识和集体意识，使他们深刻认识到个人与社会、个人与国家之间的紧密联系。通过组织社会实践活动和志愿服务活动，激发他们的爱国情感和社会责任感，培养他们为社会服务和奉献的精神。

4. 关注学生价值观念的动态变化

随着社会的不断发展和变化，学生的价值观念也在不断地动态变化之中。高校思想政治教育者需要密切关注学生的价值观念变化，及时调整教育策略和方法。例如，针对一些大学生存在的功利化倾向和实用主义观念，高校思想政治教育者可以加强理想信念教育和职业道德教育，引导学生树立正确的职业观和人生观。通过举办学术讲座、文化沙龙等活动，拓宽学生的视野和知识面，提高他们的文化素养和审美能力，培养他们的审美情趣和人文情怀。

（二）促进学生全面发展

高校思想政治教育队伍建设在促进学生全面发展方面也发挥着重要作用。全面发展是指学生在知识、能力、素质等方面的全面提升和协调发展。高校作为培养高素质人才的重要基地，必须注重学生的全面发展，使之成为具有创新精神和实践能力的复合型人才。

1. 关注学生的个体差异和成长需求

每个学生都是独一无二的个体，他们具有不同的性格、兴趣、能力和成长需求。高校思想政治教育者需要充分关注学生的个体差异和成长需求，制订个性化的教育方案。例如，针对学习成绩优秀的学生，可以鼓励他们参与科研项目和学术竞赛，提高他们的创新能力和实践能力；针对学习成绩一般但具有特殊才能的学生，可以发掘他们的潜力并提供相应的支持和帮助；针对存在心理问题的学生，可以提供心理咨询和辅导服务，帮助他们解决心理困扰和问题。

2. 制订个性化的教育计划和方案

在关注学生的个体差异和成长需求的基础上，高校思想政治教育者需要制订个性化的教育计划。这些计划应该根据学生的实际情况和特点量身定制，旨在促进学生的全面发展和个性化成长。例如，可以开设多样化的选修课程，满足学生的不同兴趣和需求；可以运用导师制或小班化教学等模式，加强师生之间的互动和交流；可以建立学生成长档案和构建综合评价体系，跟踪记录学生的成长历程和发展变化。

3. 促进学生知识、能力和素质的全面提升

高校思想政治教育者需要注重促进学生知识、能力和素质的全面提升。知识是学生成长的基石，能力是学生发展的动力，素质是学生成功的关键。因此，高校思想政治教育者需要在注重知识的传授和积累的基础上，注重能力的培养和锻炼，以及素质的提升和塑造。例如，在知识传授方面，可以加强专业课程和通识课程的教学改革和创新；在能力培养方面，可以组织社会实践、志愿服务和创新创业等活动；在素质提升方面，可以加强校园文化建设和学生社团活动等。

4. 加强学生的思想政治教育与专业教育的融合

思想政治教育与专业教育是高校教育的两个重要组成部分，它们相互促进、相辅相成。高校思想政治教育者需要加强思想政治教育与专业教育之间的融合，使学生在掌握专业知识的同时，也能够形成正确的世界观、人生观和价值观。例如，可以在专业课程教学中融入思想政治教育元素，通过案例分析、讨论交流等方式引导学生思考社会现象；可以组织专业实践活动和志愿服务活动，让学生在实践中感受社会责任；可以建立思想政治教育与专业教育相结合的课程体系和评价体系，促进学生全面发展。

5. 营造积极向上的校园文化氛围

校园文化氛围是影响学生成长和发展的重要因素之一。高校思想政治教育者需要营造积极向上的校园文化氛围，为学生提供良好的成长环境和条件。例如，通过举办各种文化活动和艺术展览等，可以加强校园文化建设；通过加强学风建设，营造良好的学习氛围和学术风气；通过加强师德师风建设，提高教师的职业素养和道德水平等。这些措施的实施有助于激发学生的积极性和创造性，促进他们的全面发展。

三、增强高校意识形态工作的主动权与话语权

加强高校思想政治教育队伍建设，对于增强高校意识形态工作的主动权与话语权，具有至关重要的意义。在经济全球化和信息化高速发展的时代背景下，国内外形势复杂多变，各种思想文化交融，高校作为知识传播、思想碰撞的前沿阵地，其意识形态工作面临着前所未有的挑战和考验。因此，加强高校思想政治教育队伍建设，不仅是提升高校教育质量的关键，更是确保国家意识形态安全、培养合格的社会主义建设者和接班人的重要保障。

（一）把握意识形态工作主动权

高校思想政治教育队伍建设，能够有力地把握意识形态工作主动权，确保高校意识形态工作的正确导向。这一作用的发挥，主要体现在以下几个方面。

1. 强化理论武装，奠定思想基础

高校思想政治教育者通过深入学习和宣传马克思主义理论，为学生提供坚实的思想理论基础。高校思想政治教育者不仅自身要成为马克思主义的坚定信仰者和忠实实践者，还要通过课堂教学、学术讲座、理论研讨等多种形式，将马克思主义理论内化于心、外化于行，引导学生树立正确的世界观、人生观和价值观。通过理论武装，师生能够增强政治敏锐性和政治鉴别力，自觉抵制各种错误思潮和观点的影响，确保高校意识形态工作的正确方向。

2. 加强舆论引导，营造良好氛围

在信息化浪潮席卷全球的当下，舆论引导已然成为意识形态工作不可或缺的关键环节。高校思想政治教育队伍充分运用新媒体等现代传播工具，及时、准确地发布权威信息，积极回应社会热点问题，有效引领校园舆论走向。针对社会热点议题及敏感事件，迅速组织师生开展深入讨论与交流，引导师生以理性的视角审视和分析问题，有效防止其被负面舆论诱导。通过精心策划主题活动、举办文化沙龙等，积极营造一种积极向上、充满活力的校园文化氛围，进一步增强师生的团结力和向心力。

3. 关注学生思想动态，及时化解矛盾

高校学生思想活跃，接受新事物、新观念的能力强，但同时也容易受到各种思潮的影响。高校思想政治教育者通过定期开展思想动态调查、设立心理咨询热线等方式，密切关注学生的思想动态和心理变化，及时发现和化解潜在的问题。高校思想政治教育者运用专业知识和方法，对学生进行心理疏导和思想教育，帮

助他们树立正确的思想观念，增强抵御不良思想侵蚀的能力。通过关注学生的思想动态，高校思想政治教育者能够确保意识形态工作的针对性和实效性，有效维护校园和谐稳定。

4. 培养骨干力量，壮大工作队伍

高校思想政治教育队伍建设，注重培养一批政治素质高、业务能力强的骨干力量。这些骨干力量不仅在教学科研中发挥重要作用，还在意识形态工作中发挥引领和示范作用。他们通过参与制订意识形态工作规划、组织师生开展理论学习和社会实践等活动，有效推动高校意识形态工作的开展。他们还能够通过及时研判和化解意识形态领域存在的风险隐患，为高校意识形态工作创新性发展提供持续动能。

（二）提升意识形态工作话语权

加强高校思想政治教育队伍建设，还能够显著提升意识形态工作话语权，增强高校在意识形态领域的影响力和感召力。这一作用的发挥，主要体现在以下几个方面。

1. 加强学术研究，提供理论支撑

高校思想政治教育者通过深入开展学术研究，不断探索与创新思想政治教育理论和方法，为高校意识形态工作提供有力的理论支撑。他们关注国内外思想政治教育领域的最新动态和研究成果，结合高校实际情况，开展有针对性的学术研究。通过发表学术论文、出版学术著作等方式，高校思想政治教育者不仅提升了自身的学术地位和影响力，还为意识形态工作提供了丰富的理论资源和实践经验。这些研究成果和经验，为高校在意识形态领域的话语权提升提供了有力支撑。

2. 创新话语体系，增强表达效果

在信息化时代，话语体系的创新对提升意识形态工作话语权至关重要。高校思想政治教育队伍注重运用新媒体等现代传播手段，创新话语表达方式和传播渠道，使意识形态工作更加贴近师生实际，更加符合时代要求。他们运用生动鲜活的语言和案例，将抽象的理论知识转化为师生易于接受和理解的内容；通过制作短视频、微电影等新媒体产品，增强意识形态工作的吸引力和感染力。通过创新话语体系，高校思想政治教育队伍有效提升了意识形态工作话语权，增强了师生对主流意识形态的认同感和归属感。

3. 参与国际交流，扩大国际影响

在经济全球化背景下，国际交流成为高校提升意识形态工作话语权的重要途径。高校思想政治教育队伍积极参与国际学术会议、文化交流等活动，展示中国高校在思想政治教育领域的最新成果和经验。他们与国外学者和同行进行深入交流和合作，共同探讨思想政治教育的新理念、新方法和新路径。通过国际交流，高校思想政治教育队伍不仅拓宽了视野和思路，而且提升了中国高校在意识形态领域的国际影响力和话语权。他们向世界展示了中国高校在培养合格社会主义建设者和接班人方面的独特优势与成功经验，为中国特色社会主义事业赢得了更多的国际理解和支持。

4. 加强阵地建设，巩固宣传平台

阵地建设是高校意识形态工作的重要组成部分。高校思想政治教育队伍注重加强校园宣传阵地建设，巩固和拓展宣传平台。他们充分利用校园广播、电视、报纸等传统媒体，以及校园网、微信公众号等新媒体平台，开展丰富多彩的宣传教育活动。他们通过发布权威信息、解读政策文件、报道先进典型等方式，有效引导学生关注国家大事、关心社会发展、积极参与校园建设。同时，他们还注重加强校园网络文化建设和管理，营造健康向上的网络环境。

四、促进高校思想政治教育工作的创新与发展

（一）推动教育理念创新

教育理念是教育工作的灵魂，它决定了教育目标、内容和方法的选择与运用。高校思想政治教育队伍建设，能够极大地推动教育理念的创新与发展，使教育工作更加贴近时代特征，更加符合大学生的成长规律。

1. 紧跟时代步伐，更新教育观念

在当今社会，信息化、经济全球化、网络化等趋势日益明显，这些变化对大学生的思想观念、价值取向和行为方式产生了深远影响。高校思想政治教育队伍必须紧跟时代步伐，不断更新教育观念，将传统教育与现代教育相结合，形成符合时代要求的教育理念。例如，高校思想政治教育者应充分认识到信息技术在教育中的重要作用，积极探索“互联网 + 思想政治教育”的新模式，利用网络平台、社交媒体等工具，拓展教育渠道，增强教育的时效性和互动性。

2. 关注学生的需求，树立以人为本理念

学生是教育工作的主体，他们的需求和特点直接影响着教育效果。高校思想政治教育队伍应关注学生的需求，树立以人为本的教育理念。这意味着高校思想政治教育者要尊重学生的个性差异，关注他们的成长困惑，了解他们的心理需求，从而提供更加个性化、精准化的教育服务。例如，通过开设心理健康教育课程、建立心理咨询中心等方式，帮助学生解决心理问题，增强他们的心理韧性和适应能力。

3. 融合多元文化，拓展全球视野

在经济全球化背景下，多元文化交流和融合成为不可阻挡的趋势。高校思想政治教育队伍应积极融合多元文化元素，培养学生的全球视野和跨文化交流能力。高校思想政治教育者可以通过引入国际先进的教育理念和方法，开设国际政治、世界经济等跨学科课程，组织国际交流项目等方式，拓宽学生的国际视野，增强他们的国际竞争力。高校思想政治教育者还应引导学生树立正确的文化观和价值观，尊重不同文化的差异性和多样性，促进文化的和谐共生。

在推动教育理念创新的过程中，高校思想政治教育队伍还应注重教育理论的创新与发展。高校思想政治教育者应深入研究思想政治教育的基本规律和方法论问题，探索符合时代要求的教育理论体系。例如，可以研究马克思主义理论在当代中国的最新发展成果，将其融入思想政治教育之中；可以借鉴国外先进的教育理念和方法，结合中国实际进行本土化改造和创新；还可以运用现代科技手段和教育技术，提高教育工作的科学性和实效性。

（二）促进教学方法改革

教学方法是教育工作的关键环节，它直接影响着教育效果和学生满意度。加强高校思想政治教育队伍建设，能够促进教学方法的改革与创新，提高教育质量和教学效果。

1. 采用多样化教学手段，激发学生的学习兴趣

传统的教学方法往往注重知识的灌输和传授，而忽视了学生的主体性和创造性。高校思想政治教育队伍应采用多样化教学手段，激发学生的学习兴趣和积极性。例如，可以运用案例教学、小组讨论、角色扮演等互动式教学方法，让学生在参与中学习和思考；可以运用多媒体教学、网络教学等现代科技手段，丰富教学手段和内容；也可以开展实践教学、实地考察等实践活动，增强学生的实践能

力和应对能力。多样化教学手段的运用，可以打破传统教学的单一模式，使课堂更加生动有趣，提高学生的学习效果和满意度。

2. 注重启发式教学，培养学生的思维能力

启发式教学是一种注重引导学生主动思考、积极探索的教学方法。高校思想政治教育队伍应注重启发式教学方法的运用，培养学生的思维能力和创新精神。例如，在课堂教学中，高校思想政治教育者可以通过提出问题、设置情境、引导讨论等方式，激发学生的思维火花；可以鼓励学生提出自己的见解和观点，培养他们的批判性思维和创新能力；可以组织学术讲座、研讨会等活动，为学生提供交流和展示的平台。启发式教学的运用，可以培养学生的独立思考能力，使他们在未来的学习与工作中更加自信和从容。

3. 实施个性化教学，关注学生之间的差异

每个学生都有着不同的成长背景、兴趣爱好和学习能力。高校思想政治教育队伍应实施个性化教学，关注学生的差异性和多样性。例如，可以通过分层教学、小班授课等方式，满足不同学生的学习需求；可以通过个别辅导、心理咨询等方式，关注学生的心理需求和成长困惑；还可以通过开设选修课程、组织兴趣小组等方式，培养学生的特长和爱好。个性化教学的实施，在尊重学生个性差异的基础上，激发他们的学习潜力和创造力，使他们在适合自己的学习环境中茁壮成长。

4. 加强实践教学环节，提高学生的实践能力

实践教学是高等教育的重要组成部分，它对于培养学生的实践能力和创新精神具有重要意义。高校思想政治教育队伍应加强实践教学环节的设计和实施，提高学生的实践能力和社会适应能力。通过实践教学环节，学生在实践中学习、在实践中成长，为未来的职业生涯打下坚实的基础。

在促进教学方法改革的过程中，高校思想政治教育队伍还应注重教育技术的创新与应用。随着信息技术的快速发展，教育技术在教学中的应用越来越广泛。高校思想政治教育者应积极探索和运用现代教育技术，如虚拟现实技术、人工智能技术等，提高教育工作的科学性和实效性。例如，可以运用虚拟现实技术模拟历史事件、社会场景等，让学生在虚拟环境中学习和体验；可以运用人工智能技术分析学生的学习数据和行为特征，为个性化教学提供科学依据；还可以运用在线教育平台、移动学习应用程序等工具，拓展教育渠道和方式。教育技术的创新与应用，可以打破传统教学的时空限制，提高教育工作的灵活性和便捷性。

第三节　高校思想政治教育队伍建设的策略

高校思想政治教育队伍建设是提升教育质量、培养德智体美劳全面发展的社会主义建设者和接班人的关键。随着时代的变迁和社会的发展，高校思想政治教育面临着新的机遇与挑战。因此，探索科学、有效的教育队伍建设策略，对于加强和改进高校思想政治教育工作具有重要意义。本节将从多个维度出发，系统阐述高校思想政治教育队伍建设的策略，旨在为高校思想政治教育工作的创新发展提供理论支持和实践指导。

一、明确教师队伍的建设目标与角色定位

（一）确立教师队伍的建设目标

高校思想政治教育队伍建设的首要任务是确立明确的目标。这些目标应围绕提升教师队伍的整体素质、增强教师的教学科研能力、促进学生全面发展等核心要素展开。具体而言，队伍建设目标应包括：提高教师的政治素养和理论水平，确保教师队伍能够准确理解和把握党的路线方针政策；增强教师的教学能力和科研能力，推动思想政治教育内容的创新和教学方法的改革；促进教师队伍的专业化发展，形成一支结构合理、素质优良、充满活力的思想政治教育队伍。

（二）明确教师队伍的角色定位

高校思想政治教育队伍在教育工作中扮演着多重角色。首先，他们是知识的传授者，负责将党的路线方针政策等传授给学生，引导学生树立正确的世界观、人生观和价值观。其次，他们是思想的引领者，通过深入的思想交流和情感沟通，引导学生关注社会现实，培养学生形成社会责任感和公民意识。最后，他们还是学生成长的陪伴者，关注学生的心理需求和成长困惑，提供必要的帮助和支持。因此，明确教师队伍的角色定位，有助于教师更好地履行职责，发挥应有的作用。

二、加强教师队伍的选拔与培养

（一）优化选拔机制

选拔机制是高校思想政治教育队伍建设的基础。高校应建立科学、公正、透明的选拔机制，确保选拔出具备良好政治素养、专业素质和教育教学能力的优秀人才。在选拔过程中，应注重考察候选人的政治立场、理论水平、教学经验和科研能力等方面。同时，还应注重候选人的综合素质和发展潜力，为教师队伍的长期发展奠定坚实基础。

（二）完善培养体系

培养体系是高校思想政治教育队伍建设的关键。高校应建立完善的教师培养体系，通过系统化的培训和实践锻炼，提升教师的教育教学能力和科研水平。在培养过程中，应注重理论与实践相结合，将党的理论、路线方针政策等融入教学内容中，引导教师深入理解和把握其精神实质。同时，还应注重培养教师的创新意识和实践能力，鼓励教师积极探索新的教学方法和手段，提高教学效果和优化学生的学习体验。

1. 加强政治理论学习

政治理论学习是高校思想政治教育教师培养的重要内容。高校应定期组织教师参加政治理论学习班、研讨会等活动，引导教师深化理论武装、筑牢信仰根基，将学习成果转化为立德树人的生动实践。通过系统学习，确保教师理论知识更扎实、育人本领更过硬，始终成为学生思想进步的引路人。同时，还应注重培养教师的政治敏锐性和鉴别力，使教师能够在复杂多变的社会环境中保持清醒的头脑和坚定的立场。

2. 提升教学科研能力

教学科研能力是高校思想政治教育教师必备的基本素质。高校应鼓励教师积极参与教学科研活动，通过申报课题、发表论文等方式提升教学科研水平。同时，还应加强教师之间的交流与合作，促进教学科研成果的共享与转化。通过不断提升教学科研能力，推动思想政治教育内容的创新和教学方法的改革。

3. 注重实践锻炼

实践锻炼是高校思想政治教育教师培养的重要环节。高校应鼓励教师积极参与社会实践、志愿服务等活动，通过亲身体验，教师可以将鲜活的实践案例转化为课堂教学的生动素材，使理论教学更接地气、更具温度。同时，还应注重培养教师的实践能力和创新精神，鼓励教师在实践中探索新的教学方法和手段。

三、构建科学合理的考核评价体系

（一）建立多元化考核标准

考核评价体系是高校思想政治教育队伍建设的重要保障。高校应建立科学、合理、多元化的考核标准，全面、客观、公正地评价教师的工作表现和教学成果。在考核过程中，应注重考察教师的教学效果、科研能力、社会服务等方面的情况，并综合考虑教师的政治素养、师德师风等因素。通过建立多元化考核标准，确保教师队伍的整体素质和教育教学水平不断提升。

（二）实施动态化考核管理

动态化考核管理是高校思想政治教育队伍建设的重要手段。高校应定期对教师队伍进行考核评估，及时了解教师的政治素养、教学实效与育人成果，并根据考核结果对教学方案进行动态调整和优化。通过实施动态化考核管理，可以及时发现教师队伍中存在的问题，推动教师队伍的持续优化和升级。

四、推动教师队伍的专业化发展

（一）加强学科建设与专业认证

学科建设与专业认证是推动教师队伍专业化发展的重要途径。高校应加强思想政治教育学科的建设和发展，完善学科体系和课程设置，提高学科的教学质量和科研水平；还应积极参与专业认证工作，通过专业认证提升教师队伍的整体素质和教育教学水平。加强学科建设与专业认证工作，有助于推动教师队伍的专业化发展进程，提高教师队伍的整体素质和教育教学水平。

（二）促进教师之间的交流与合作

教师之间的交流与合作是推动教师队伍专业化发展的重要保障。高校应积极搭建教师交流平台，促进教师之间的学术交流和经验分享。通过组织学术研讨会、教学观摩活动等方式加强教师之间的沟通与合作，推动教师队伍的协同发展。依托课程组、科研团队和名师工作室等组织，推动教师跨学科合作，实现理论创新、课程建设和课程资源开发的深度融合与优势互补。

五、完善教师队伍的激励机制与保障措施

（一）建立健全激励机制

激励机制是激发教师工作积极性和创造力的重要手段。高校应建立健全激励机制，通过设立奖项、提供晋升机会等方式激励教师积极参与教育教学和科研工作。同时，还应注重教师的精神激励和情感关怀，关注教师的心理需求和成长困惑，为教师提供必要的帮助和支持。通过建立健全激励机制，可以激发教师的工作热情和创造力，提高教育教学的质量和效果。

（二）完善保障措施

保障措施是确保教师队伍稳定发展的重要基础。高校应完善保障措施，为教师提供良好的工作环境和生活条件。具体而言，应加大经费投入力度，改善教学设施和科研条件；提高教师的薪资待遇和福利水平；关注教师的身心健康状况，为教师提供必要的健康保障和心理支持。通过完善保障措施，可以确保教师队伍的稳定发展，并吸引更多优秀人才加入思想政治教育工作队伍中来。

六、强化教师队伍的政治引领与理论武装

（一）深化政治理论学习，筑牢思想根基

政治理论学习是高校思想政治教育教师成长发展的基石。高校应定期组织教师深入学习党的创新理论和政策方针等，通过专题培训、研讨交流、实践考察等方式，坚定理想信念和政治立场，为高质量思想政治教育奠定坚实基础。

1. 创新学习方式方法

为了提高政治理论学习的针对性和实效性，高校应不断创新学习方式方法。例如，可以采用专题研讨、案例分析、互动式教学等方式，增强学习的互动性和参与性；可以利用网络资源和多媒体技术手段，丰富学习内容和形式；还可以邀请专家学者进行专题讲座和辅导报告等，提高学习的深度和广度。通过这些创新举措的实施，可以激发教师的学习兴趣和积极性，提高政治理论学习的效果和质量。

2. 强化实践锻炼环节

政治理论学习不仅要注重理论知识的传授和掌握，还要注重实践锻炼环节的设置和实施。高校应鼓励教师积极参与社会实践和志愿服务等活动，通过亲

身体验和感受社会现实来积累一线案例，锤炼育人本领，增强思想政治教育的感染力和说服力。同时，还应注重培养教师的实践能力和创新精神，鼓励教师在实践中探索新的教学方法和手段，以创新驱动课堂活力，用技术赋能思想引领。

（二）加强师德师风建设，树立良好形象

师德师风是高校思想政治教育教师的重要素质之一。高校应加大师德师风建设力度，引导教师树立正确的教育观念和职业道德观念。通过加强师德师风教育、完善师德师风评价体系等措施，促使教师队伍形成良好的职业道德风尚和积极向上的工作氛围。

1. 加强师德师风教育

高校应将师德师风教育纳入教师培训体系之中，通过组织专题讲座、开展师德师风讨论等方式加强教师的职业道德教育。同时，还应注重培养教师的责任感和使命感，引导教师将个人发展与学校发展、国家发展紧密结合起来，为实现中华民族伟大复兴的中国梦贡献力量。

2. 完善师德师风评价体系

为了确保师德师风建设的有效推进和落地实施，高校应建立完善的师德师风评价体系。该体系应包括教师自我评价、同行评价、学生评价等多个维度，全面、客观地评价教师的职业道德表现和教育教学成果。通过完善师德师风评价体系，可以及时发现教师队伍中存在的问题，并有针对性地开展教育培训，推动教师队伍的整体素质持续提升。

七、推动教师队伍的教学改革与创新实践

（一）更新教学理念与方法，提升教学质量

教学理念与方法是高校思想政治教育教师教学改革与创新实践的重要内容之一。高校应鼓励教师更新教学理念和方法，积极探索新的教学模式和手段，以提高教学质量和效果。

1. 倡导以学生为中心的教学理念

以学生为中心的教学理念强调关注学生的主体性和差异性，注重培养学生的自主学习能力和创新精神。高校应鼓励教师树立以学生为中心的教学理念，注重

引导学生主动参与课堂讨论和实践活动，以提高学生的学习积极性和参与度。同时，还应注重培养学生的批判性思维和解决问题的能力，鼓励学生在实践中不断探索和创新。

2. 推广混合式教学模式

混合式教学模式结合了线上教学和线下教学的优势，可以为学生提供更加灵活多样的学习方式和体验。高校应鼓励教师积极探索混合式教学模式的设计与实施，通过整合线上线下资源，优化教学流程和方法，以提高教学效果。同时，还应注重培养学生的信息素养和自主学习能力，鼓励学生在课外时间利用网络资源进行自主学习和探究。

（二）加强实践教学环节设计，促进学生全面发展

实践教学环节是高校思想政治教育教学改革与创新实践的重要组成部分之一。高校应加强实践教学环节的设计与实施，通过组织社会实践活动、建立实践教学基地等方式，为学生提供更多的实践机会和平台，以促进学生全面发展。

1. 丰富社会实践活动形式与内容

社会实践活动是连接理论知识与实践操作的重要桥梁，高校应丰富社会实践活动形式与内容。通过实践活动，学生可以亲身体验社会生活的多样性和复杂性，增强对社会现实的认知与感知，形成社会责任感和公民意识，提高解决实际问题的能力。

2. 建立稳定的实践教学基地网络

实践教学基地是为学生提供实践锻炼机会的重要平台之一。高校应建立稳定的实践教学基地网络，涵盖爱国主义教育基地、科技创新实践平台等多种类型，为学生提供全面而深入的实践体验。同时，还应加强对实践教学基地的管理与运营，优化资源配置，提升实践教学质量和效果。

八、加强教师队伍的科研能力培养与提升

（一）鼓励教师参与科研项目申报与研究工作

科研项目申报与研究工作是提升教师队伍科研能力的重要途径之一。高校应鼓励教师积极参与科研项目申报与研究工作，通过申报各级各类科研项目来获得科研经费支持，并推动科研成果的产出与应用。

1. 提供科研信息与资源支持

为了提高教师科研项目申报的成功率和研究工作的质量，高校应提供科研信息与资源支持。例如，可以建立科研项目信息库，为教师提供最新的科研项目申报信息和指南；可以邀请专家学者进行科研辅导和培训，提高教师的科研能力和水平；还可以提供实验室设备、图书资料等资源，支持教师的科研工作顺利开展。

2. 完善科研成果评价体系

为了激励教师积极参与科研项目申报与研究工作，高校应完善科研成果评价体系。该体系应包括科研成果的数量、质量、影响力等多个维度，以全面、客观地评价教师的科研能力。通过完善评价体系可以激发教师的科研热情和创造力，推动科研成果的产出与应用，并为学校的发展贡献智慧和力量。

（二）推动科研成果向教学实践转化与应用

科研成果向教学实践转化与应用，是推动高校思想政治教育工作创新发展的重要途径之一。高校应积极推动科研成果向教学实践转化与应用，通过组织教学研讨会、开设专题讲座等方式，将科研成果融入教学内容之中，提高教学效果。

1. 加强科研成果与教学内容的融合

为了加强科研成果与教学内容的融合，高校应鼓励教师将最新的科研成果融入课堂教学之中。例如，可以邀请专家学者进行专题讲座，介绍最新的科研成果和研究动态；可以将科研成果作为案例分析材料引入课堂讨论之中，提高学生的参与度；还可以组织学生进行科研项目实践活动，让他们亲身体验科研成果的应用价值和意义。

2. 推动产学研合作与协同创新

产学研合作与协同创新是推动科研成果向教学实践转化与应用的重要途径之一。高校应积极寻求与政府、企业等机构的合作机会，共同开展科研项目和技术创新活动。产学研合作与协同创新可以推动科研成果的产出与应用，为学生提供更多的实践机会，促进他们的全面发展。同时，还可以加强学校与政府、企业等机构的联系与合作，共同推动高校思想政治教育工作的创新发展。

九、促进教师队伍的国际化交流与合作

（一）加强与国际知名高校的交流合作

与国际知名高校的交流合作是推动教师队伍国际化进程的重要途径之一。高校应积极寻求与国际知名高校合作的机会，共同开展教育教学活动、科研项目合作等，推动教师队伍的国际化交流与合作。

1. 建立校际合作关系

为了建立与国际知名高校的校际合作关系，高校应加强与国际知名高校的沟通与联系，了解对方的教育理念和教学模式。通过互访交流、签订合作协议等方式，建立稳定的校际合作关系，为教师队伍的国际化交流与合作提供有力支撑和保障。

2. 组织教师出国访学与交流

为了提升教师队伍的国际化水平和竞争力，高校应组织教师出国访学与交流，让教师了解国际先进的教育理念和教学方法。出国访学与交流，可以拓宽教师的学术视野和合作渠道，提升他们的教育教学能力和科研水平。同时，还可以促进教师之间的交流与合作，为推动高校思想政治教育工作的创新发展提供有力支持。

（二）推动海外人才引进与培养工作

海外人才引进与培养工作是推动教师队伍国际化进程的重要举措之一。高校应积极寻求海外优秀人才加入思想政治教育工作队伍中来，并通过提供优厚的待遇和良好的工作环境吸引他们长期留在中国发展事业。

1. 制订海外人才引进计划

为了吸引海外优秀人才加入思想政治教育工作队伍中来，高校应制订海外人才引进计划，并明确引进目标和条件。例如，可以提供优厚的薪资待遇、住房保障等福利待遇，吸引海外优秀人才前来应聘；可以提供良好的工作环境和科研条件支持他们的科研工作顺利开展；还可以提供职业发展机会和晋升空间，激发他们的积极性和创造力。

2. 加强海外人才培养与管理工作

为了加强海外人才培养与管理工作，高校应建立完善的海外人才管理体系。该体系应包括海外人才的选拔与招聘、培养与发展、考核与评价等多个环节，全

面、客观地评价海外人才的工作表现。同时，还应注重培养海外人才的归属感和认同感，让他们更好地融入中国文化和工作环境，为中国的高等教育事业发展贡献力量。

十、构建完善的教师队伍管理体系与运行机制

（一）建立科学的教师评价与激励机制

科学的教师评价与激励机制是推动教师队伍持续发展的重要保障之一。高校应建立科学的教师评价与激励机制，通过全面、客观、公正地评价，激发他们的工作积极性和创造力。

1. 完善教师评价体系

高校应建立多元化、多维度的评价指标体系，涵盖教学、科研、社会服务等多个方面。同时，还应注重评价过程的公开透明和民主参与，确保评价结果的公正性。

2. 健全教师激励机制

为了健全教师激励机制，高校应提供多样化的激励措施和福利待遇，激发教师的工作积极性和创造力。例如，可以提供优厚的薪资待遇和住房保障等福利待遇，满足教师的基本生活需求；可以提供职业发展机会和晋升空间，支持教师的个人成长与发展；还可以设立奖项和荣誉称号表彰优秀教师的杰出贡献与成就，激发他们的荣誉感和归属感。

（二）优化教师队伍结构与管理模式

优化教师队伍结构与管理模式是提升教师队伍整体素质和教育教学水平的重要途径之一。高校应优化教师队伍结构与管理模式，通过合理配置人力资源和优化管理流程来提高教师队伍的工作效率和质量。

1. 合理配置人力资源

为了合理配置人力资源，高校应根据学科特点和发展需求科学规划教师队伍的规模与结构。例如，可以根据学科发展需求和招生规模，确定教师的招聘计划和数量；可以根据教师的专业背景和研究方向，合理安排教学任务和科研项目；还可以根据教师的年龄结构和职称层次，确定职业发展计划和晋升渠道等。

2. 优化管理流程与制度

为了优化管理流程与制度，高校应建立科学、规范、高效的管理流程和制度，确保教师队伍的高效管理。例如，可以建立教师招聘、培训、考核等管理制度，规范教师队伍的管理流程和行为准则；可以建立教学科研项目管理制度，确保教学科研工作的顺利开展和有效推进；还可以建立信息公开与反馈机制，增强教师队伍的透明度和公信力等。

综上所述，高校思想政治教育队伍建设是一个系统工程，需要高校从多个维度出发，制订科学合理的策略并付诸实践。通过明确队伍建设目标与角色定位、加强教师队伍的选拔与培养、构建科学合理的考核评价体系、推动教师队伍的专业化发展、完善教师队伍的激励机制与保障措施等，来推动高校思想政治教育工作的创新发展，并为培养德智体美劳全面发展的社会主义建设者和接班人提供有力支撑和保障。当然，随着时代的变迁和发展，高校思想政治教育队伍建设仍需不断探索与完善以适应新的需求与挑战。未来，我们将继续关注这一领域的发展动态，并深入研究相关策略与路径，以期为推动高校思想政治教育工作的持续进步贡献智慧和力量。

第七章　高校思想政治教育发展与优化路径

本章聚焦于高校思想政治教育的发展与优化路径，旨在探讨在新时代如何有效应对经济全球化、信息化和多元化带来的挑战，创新思想政治教育的方式方法。首先，本章分析了高校思想政治教育的发展趋势，包括政治引领的强化趋势、内容创新的深化趋势、方法多样的丰富趋势、技术融合的加速趋势、视野拓展的国际化趋势。其次，深入探讨了高校思想政治教育的创新手段，涉及课程体系、教学方法、实践教学和技术应用等方面的创新。最后，提出了高校思想政治教育的优化路径，强调完善战略引领的顶层设计体系、推进精准高效的资源配置、深化“三位一体”教育模式创新、建设专业化创新型师资队伍的重要性。

第一节　高校思想政治教育的发展趋势

在新时代背景下，高校思想政治教育面临着前所未有的机遇与挑战。随着经济全球化发展，大学生的思想观念、价值取向和行为方式发生了深刻变化。因此，高校思想政治教育必须与时俱进，不断创新，以适应新时代的要求。本节将从政治引领、内容创新、方法多样、技术融合和视野拓展五个方面探讨高校思想政治教育的发展趋势。

一、政治引领的强化趋势

在新时代，高校思想政治教育肩负着培养社会主义建设者和接班人的历史使命，其首要任务便是政治引领。政治引领，即引导学生坚定正确的政治方向，树立科学的世界观、人生观和价值观，这是确保大学生成为有理想、有本领、有担当的时代新人的关键所在。随着国内外形势的深刻变化，政治引领的强化已成为高校思想政治教育发展不可逆转的必然趋势。

（一）坚定理想信念：筑牢精神之基，引领思想航向

在新时代背景下，大学生作为国家的未来和民族的希望，正面临着前所未有的思想文化的冲击和诱惑。经济全球化浪潮带来了多元文化的交融与碰撞，信息化技术则让各种思潮和观点以前所未有的速度传播。在这样的环境下，一些大学生可能会出现思想迷茫、价值困惑等问题，甚至可能受到一些错误思潮的影响。因此，高校思想政治教育必须坚定学生的理想信念，帮助他们筑牢精神之基，引领思想航向。

一方面，高校思想政治教育要引导大学生深刻认识中国特色社会主义的历史必然性。通过系统学习马克思主义理论，大学生明确社会主义是人类社会发展的必然趋势，中国特色社会主义是符合中国国情、顺应时代潮流的正确道路。另一方面，引导大学生认识中国特色社会主义的科学真理性和实践优越性。通过深入学习中国特色社会主义理论体系，大学生了解到这一理论体系是马克思主义与中国国情相结合的产物，是经过实践检验的科学真理；通过展示中国特色社会主义建设的伟大成就，使大学生深刻地感受到这一制度的实践优越性。

在此基础上，高校思想政治教育还要帮助大学生树立共产主义远大理想和中国特色社会主义共同理想。共产主义远大理想是人类社会的最高理想，是共产党人的最高追求。通过教育引导，使学生明白共产主义是可以通过一代又一代人的共同努力逐步实现的理想社会。中国特色社会主义共同理想则是现阶段我国各族人民的共同奋斗目标和精神支柱。

（二）坚定“四个自信”：厚植爱国情怀，坚定信仰信念

“四个自信”是新时代大学生应具备的基本素养和核心价值观念。高校思想政治教育要通过多种形式的教育活动，帮助大学生坚定“四个自信”，使他们更加坚定地拥护中国共产党的领导，更加自信地走向未来。

增强道路自信，就是要使大学生深刻认识到中国特色社会主义道路是实现社会主义现代化的必由之路，是创造人民美好生活的必由之路。通过讲述中国特色社会主义道路的形成历程和伟大成就，使大学生明白这条道路是符合中国国情、顺应时代潮流的正确道路，是值得他们坚定信仰和不懈奋斗的道路。

增强理论自信，就是要使大学生深刻认识到马克思主义理论和中国特色社会主义理论体系的科学真理性与实践指导性。通过系统学习这些理论，大学生明白这些理论是指导中国革命、建设和改革的强大思想武器，是引领中国走向繁荣富强的行动指南。

增强制度自信，就是要使大学生深刻认识到中国特色社会主义制度的显著优势和强大生命力。通过展示中国特色社会主义制度的政治优势、经济优势、文化优势等方面的成就，使大学生明白这一制度是符合中国国情、顺应时代潮流的先进制度，是值得他们坚定拥护和积极维护的制度。

增强文化自信，就是要使大学生深刻认识到中华优秀传统文化的深厚底蕴和时代价值。通过传承和弘扬中华优秀传统文化，使大学生明白中华文化是中华民族的根和魂，是维系中华民族精神纽带的重要力量。同时，要引导大学生积极吸收借鉴世界优秀文化成果，推动中华文化走向世界、走向未来。

（三）强化政治教育：培养政治素养，提升政治能力

政治教育是高校思想政治教育的重要组成部分，对于培养大学生的政治素养和政治能力具有至关重要的作用。随着国内外形势的复杂多变，高校应进一步强化政治教育，加强对大学生的政治引导。

首先，强化思想政治教育，要开设好政治理论课。政治理论课是高校思想政治教育的主渠道和主阵地，要通过系统讲授政治理论知识，帮助学生树立正确的政治观念、形成科学的政治思维、提高政治分析能力。要注重将政治理论课与实际相结合，引导大学生关注时事政治、关心国家大事，增强他们的政治敏锐性和政治鉴别力。

其次，强化政治教育，要组织好政治学习。政治学习是高校思想政治教育的重要形式之一，要通过组织专题学习、座谈讨论、交流分享等活动，引导大学生深入学习党的路线方针政策、了解国内外形势的发展变化、增强政治意识和大局观念。要注重发挥学生党员的示范带头作用，引导他们积极参与政治学习、带动身边同学共同进步。

最后，强化政治教育，要开展好政治活动。政治活动是高校思想政治教育的重要载体之一，要通过开展主题演讲、知识竞赛、社会实践等活动，锻炼学生的政治表达能力和政治参与能力。要注重将政治活动与校园文化建设相结合，营造积极向上的政治文化氛围，激发学生的政治热情和爱国情怀。

综上所述，坚定理想信念、坚定“四个自信”、强化政治教育是新时代高校思想政治教育政治引领强化趋势的重要体现。通过这些措施的实施，可以帮助大学生树立正确的政治观念、提高政治素养和政治能力，成为有理想、有本领、有担当的时代新人。

二、内容创新的深化趋势

随着时代的发展，高校思想政治教育的内容亦须与时俱进，不断创新和拓展。只有紧跟时代步伐，贴近学生实际，才能确保思想政治教育的针对性和实效性，让这一重要工作焕发出新的生机与活力。

（一）融入新时代元素：让思想政治教育更具时代感和吸引力

为了适应社会发展的新要求和青年学生的新特点，必须积极融入新时代元素，使思想政治教育更具时代感和吸引力，从而更有效地引导大学生树立正确的世界观、人生观和价值观。

新时代元素的融入，首先体现在教育内容的更新上。随着中国特色社会主义进入新时代，我国在经济、政治、文化、社会等各个领域都取得了显著成就，这些成就为思想政治教育提供了丰富而生动的素材。高校应将习近平新时代中国特色社会主义思想、社会主义核心价值观等核心内容融入课程体系，通过理论讲授、案例分析、专题研讨等多种形式，使大学生深刻理解和把握新时代的精神实质与实践要求。

新时代元素的融入还要求教育方法的创新。传统的灌输式教育方法已经难以满足新时代大学生的需求，必须探索更加灵活多样、富有互动性的教学方式。

此外，随着信息技术的迅猛发展，新媒体平台已成为高校思想政治教育的重要载体。高校应充分利用微博、微信、短视频等新媒体工具，开展线上思想政治教育活动，拓宽教育渠道，增强教育效果。通过制作和发布贴近大学生生活实际、富有感染力的思想政治教育内容，吸引大学生的关注和参与，使思想政治教育更加贴近时代、贴近生活、贴近学生。

（二）关注社会热点问题：培养大学生的批判性思维和解决问题的能力

社会热点问题是大学生关注的焦点之一，也是他们思想活跃、思维敏捷的重要体现。高校思想政治教育应关注社会热点问题，及时回应大学生的关切和诉求，引导他们深入思考社会现象。

首先，高校思想政治教育应密切关注国内外时事政治和社会动态，及时将社会热点问题引入课堂教学。通过组织专题讲座、开展课堂讨论等形式，引导大学生深入分析社会热点问题的成因、影响及解决途径，培养他们的政治敏锐性和社会责任感。例如，可以针对当前国际形势的复杂多变、国内经济社会发展的新形势和新任务等热点问题，引导大学生进行深入探讨和思考。

其次，高校思想政治教育应鼓励大学生积极参与社会实践活动，让大学生在实践中感受社会、了解社会、服务社会，从而培养他们的社会责任感和实践能力。同时，通过实践活动中的问题和挑战，引导大学生运用所学知识进行分析和解决，提升他们的批判性思维和解决问题的能力。

最后，高校思想政治教育还可以通过开展辩论赛、撰写论文等方式，引导大学生对社会热点问题进行深入思考和表达。辩论赛可以锻炼大学生的口才和思辨能力，让他们学会从不同角度审视问题、阐述观点；撰写论文则可以培养大学生的研究能力和写作能力，让他们学会通过查阅资料、分析数据等方式来深入探究社会热点问题。

在关注社会热点问题的过程中，高校思想政治教育应注重引导大学生树立正确的价值观念和道德标准。要教育大学生以客观、理性、全面的态度来看待社会热点问题，避免盲目跟风或极端化倾向；同时，要引导大学生积极传播正能量、弘扬主旋律，为构建和谐社会贡献自己的力量。

（三）拓展国际视野：提高学生的国际竞争力和跨文化交际能力

随着经济全球化的深入发展，国际视野已成为新时代大学生应具备的重要素养之一。高校思想政治教育应拓展国际视野，加强对大学生的跨文化交际能力的培养，帮助他们了解世界发展趋势和国际形势变化，提高他们的国际竞争力和跨文化交际能力。

首先，高校思想政治教育应开设具有国际视野的课程，如“全球治理与中国方案”“人类命运共同体理论与实践”等，引导大学生在中西对比中读懂中国智慧，于世界变局中锚定青年担当。

其次，高校思想政治教育应组织国际交流活动，如国外交流学习、国际学术研讨会等。通过国外交流学习，大学生可以深入了解国外的教育体系、文化传统和社会制度等方面的知识；在国际学术研讨会上，大学生可以与来自不同国家和地区的学者进行交流与探讨，提升他们的学术水平和国际交流能力。

最后，高校思想政治教育还应注重培养大学生的跨文化交际能力。跨文化交际能力是指在不同文化背景下进行有效沟通和交流的能力，是新时代大学生必备的重要素养之一。高校可以通过开设跨文化交流课程、组织跨文化交流活动等方式来培养学生的跨文化交际能力。例如，可以开设跨文化交际技巧、国际礼仪等课程，帮助大学生掌握跨文化交际的基本规则和技巧；可以组织国际文化节、国际美食节等活动，让大学生在实践中感受不同文化的魅力和特色。

在拓展国际视野的过程中，高校思想政治教育应注重引导大学生以开放、包容、合作的态度来看待世界各国和各民族的文化与传统，尊重不同文化之间的差异性和多样性；同时，要引导大学生积极关注国际事务和全球性问题，为构建人类命运共同体贡献自己的力量。

三、方法多样的丰富趋势

随着时代的不断变迁和社会发展的日新月异，高校思想政治教育的方法也需要与时俱进，不断创新和丰富。传统的单一教学模式已难以满足当代大学生的多元化需求，只有采用多样化的教学方法和手段，才能有效激发大学生的学习兴趣和积极性，进而提升思想政治教育的实际效果。

（一）互动式教学：激发思维碰撞的火花

互动式教学作为一种以学生为中心的教学模式，其核心在于强调师生之间的双向互动和交流。一方面，讨论式教学是一种常用的互动方式。教师可以围绕某一热点话题或理论问题，引导大学生深入讨论，鼓励他们发表个人观点，从而在思想碰撞中深化对问题的理解。这种教学方式不仅能够锻炼大学生的语言表达能力，还能培养他们的批判性思维和逻辑思维能力。

另一方面，案例式教学是互动式教学的重要组成部分。通过选取具有代表性的实际案例，让大学生进行分析、讨论和总结，可以使他们将理论知识与实际应用相结合，增强对思想政治教育内容的认同感。此外，角色扮演式教学也是一种富有创意的互动方式。通过让大学生扮演不同的社会角色，模拟现实生活中的情境，可以使他们在角色扮演中体验不同的感受和责任，从而加深对社会现象和道德规范的认知。

（二）实践教学：理论与实践的深度融合

实践教学是高校思想政治教育不可或缺的重要环节。它通过将理论知识与实际相结合，使大学生在实践中感受思想政治教育的魅力和价值。

此外，实习实训也是实践教学的重要组成部分。高校可以与相关企业、事业单位建立合作关系，为大学生提供实习实训的机会。通过在实际工作岗位上的锻炼，大学生可以将所学的理论知识运用到实际工作中，提高职业素养和实践能力。同时，实习实训还能使大学生明确自己的职业规划和发展方向，为未来的就业打下坚实基础。

（三）网络教学：信息化时代的必然选择

网络教学的优势在于打破了时间和空间的限制，使教育资源得以更加广泛、高效地传播和共享。高校可以通过开设网络课程、建立在线学习平台等方式，为大学生提供更加便捷、灵活的学习方式。大学生可以根据自己的时间和兴趣选择学习内容，实现个性化学习。

网络教学还具有丰富多样的教学形式和手段，如在线视频讲座、虚拟实验室、在线讨论区等，这些都可以为思想政治教育提供更加丰富、生动的教学素材和互动方式。网络教学还能实现教育资源的优化配置和共享，使得不同地区、不同高校的大学生都能享受到优质的教育资源。这不仅有助于提升思想政治教育的整体水平，还能促进教育公平和均衡发展。

四、技术融合的加速趋势

随着现代信息技术的迅猛发展，技术融合已成为推动教育领域变革的重要力量。信息技术的融合应用不仅为教育资源的优化配置和共享利用提供了新途径，而且为提高思想政治教育的效果和质量开辟了广阔空间。以下将从多媒体技术的应用、大数据技术的应用、人工智能技术的应用三个方面，深入探讨技术融合如何加速高校思想政治教育的创新与发展。

（一）多媒体技术的应用：激发学习兴趣，提升教学效果

多媒体技术，作为集文字、声音、图像等多种元素于一体的信息技术手段，以直观、生动、形象的特点，在高校思想政治教育中发挥着重要的作用。

首先，多媒体技术为课件制作提供了无限可能。传统的课件往往以文字为主，形式单一，难以激发学生的学习兴趣。多媒体技术则使得课件制作更加丰富多彩。教师可以根据教学内容，插入相关的图片、音频、视频等多媒体元素，使课件更加生动有趣。这种多媒体化的课件不仅能够吸引学生的注意力，而且能够激发他们的学习兴趣和积极性，使他们在轻松愉快的氛围中掌握知识。

其次，多媒体技术有助于学生对知识点的理解和掌握。思想政治教育中的许多概念、原理较为抽象，学生难以理解。多媒体技术则可以将这些抽象的知识点以直观的形式呈现出来，如通过动画演示历史事件的发展过程，通过图表展示经济数据的变化趋势等。这种直观化的呈现方式有助于学生更好地理解和掌握知识点。

最后，多媒体技术还可以应用于课堂互动和远程教学。教师可以利用多媒体

技术的交互性特点，设置课堂问答、小组讨论等互动环节，引导学生积极参与课堂讨论。多媒体技术还支持远程教学，使得教师和学生可以在不同地点进行实时互动与交流，打破了时间和空间的限制，为思想政治教育提供了更加灵活多样的教学方式。

（二）大数据技术的应用：科学决策，个性化教学

大数据技术作为一种对海量数据进行收集、分析和处理的信息技术手段，在高校思想政治教育中发挥着越来越重要的作用。

首先，大数据技术为学生的思想动态和行为习惯监测提供了可能。通过收集学生在校园生活中的各种数据，如学习成绩、出勤情况、图书借阅记录、网络浏览行为等，教师可以运用大数据技术对这些数据进行深入分析和挖掘，从而更加全面地了解学生的思想动态和行为习惯。这种监测和分析有助于教师及时发现学生存在的问题和遇到的困难，为他们提供有针对性的帮助和支持。

其次，大数据技术为教育决策提供了科学依据。基于大数据技术的分析结果，教师可以更加科学地制订教学方案。例如，教师可以根据学生的学习成绩分布情况，调整教学难度和进度；还可以根据学生的学习兴趣和偏好，选择更加合适的教学方法和手段。这有助于提高教学质量和效果，满足学生的个性化学习需求。

最后，大数据技术还可以帮助教师更好地了解学生的学习情况和需求。通过对学生学习数据的实时监测和分析，教师可以及时发现学生在学习过程中遇到的问题和困难，并提供及时的帮助和支持。同时，教师还可以根据学生的学习数据和兴趣偏好，为他们推荐相关的学习资源和课程，以满足他们的个性化学习需求。这种个性化教学有助于激发学生的学习兴趣和积极性，提高他们的学习效果和学习成绩。

（三）人工智能技术的应用：智能化教学，个性化辅导

人工智能技术作为一种模拟人类智能行为和思维方式的信息技术手段，正在逐渐改变着高校思想政治教育的面貌。

首先，人工智能技术为智能教学系统的开发提供了可能。通过运用人工智能技术，教师可以开发出具有智能化、个性化特点的教学系统。这种教学系统可以根据学生的学习进度和效果，为他们提供定制化的教学服务和辅导方案。这种智能化教学系统有助于实现以学生为中心的个性化教学，提高教学质量和效果。

其次，人工智能技术为辅导工具的开发提供了支持。传统的辅导工具往往以

纸质形式呈现，内容固定且无法更新，而运用人工智能技术开发的辅导工具则可以根据学生的学习需求和特点进行实时更新与调整。例如，智能辅导工具可以根据学生的学习数据和成绩分布情况，为他们提供有针对性的练习题和测试卷；还可以根据学生的学习反馈情况，为他们提供个性化的辅导和建议。这种智能化辅导工具有助于提高学生的学习成绩，满足他们的个性化学习需求。

五、视野拓展的国际化趋势

在经济全球化浪潮的推动下，世界各国的联系日益紧密，国际交流与合作成为推动社会发展的重要动力。对于新时代的大学生而言，具备国际视野已成为衡量其综合素质的重要标准之一。高校思想政治教育作为培养大学生思想观念、价值观念和道德品质的重要环节，更应顺应时代发展趋势，以培养出更多具有国际竞争力的高素质人才。

（一）加强国际交流与合作：构建开放包容的教育环境

高校应充分认识到国际交流与合作在提升教育质量、拓宽大学生视野方面的重要作用。为了加强与国际组织、外国高校和科研机构的交流与合作，高校可以采取多种措施。

首先，高校应积极建立与国际组织的合作关系。国际组织在全球事务中发挥着举足轻重的作用，它们不仅拥有丰富的国际资源和信息，还能为高校提供参与国际事务的平台。通过与国际组织的合作，高校可以及时了解国际动态，将国际前沿的学术成果和教育理念引入课堂教学，使大学生能够在国际视野下审视和思考问题。

其次，高校应加强与外国高校和科研机构的交流与合作。通过与外国高校和科研机构的深度合作，高校可以引进国外先进的教育理念和教学方法，提升教师的教学水平和科研能力。同时，大学生也有机会参与国际性的研究项目，拓宽学术视野，增强创新能力。

最后，高校还应积极组织大学生参加国际学术会议、文化交流活动等。国际学术会议是学术交流的重要平台，通过参加会议，大学生可以了解国际学术前沿动态，与国内外专家学者进行面对面交流，提升自己的学术水平和表达能力。文化交流活动则有助于大学生深入了解不同国家的文化习俗和社会风貌，增进对多元文化的认知和尊重。

（二）培养跨文化交流能力：提升国际竞争力

高校思想政治教育应注重培养大学生的跨文化交流能力，帮助他们了解不同文化背景下的价值观念和思维方式。

为了培养大学生的跨文化交流能力，高校可以开设跨文化交流课程。这些课程可以涵盖跨文化交际理论、跨文化沟通技巧、国际礼仪与文化习俗等内容，通过课堂教学和实践活动相结合的方式，使大学生掌握跨文化交流的基本知识和技能。

在培养跨文化交流能力的过程中，高校还应注重培养大学生的文化自觉和文化自信。文化自觉是指学生对自己所属文化的深刻认识和理解，文化自信则是指学生对自己文化的坚定信念和自豪感。通过加强文化教育和文化传承，高校可以帮助大学生建立正确的文化观念和文化认同，使他们在跨文化交流中能够更加自信地展示自己的文化特色和魅力。

（三）推动教育国际化进程：实现教育资源的优化配置

教育国际化是高校思想政治教育发展的重要趋势之一。高校应加强与国外高校的合作与交流，实现教育资源的优化配置和共享利用。

为了推动教育国际化进程，高校可以开设国际课程。通过开设国际课程，高校可以引进国外先进的教学理念和教学方法，提升大学生的国际视野和跨文化交流能力。同时，国际课程还可以为大学生提供更多了解世界的机会，激发他们的学习兴趣和求知欲。

在推动教育国际化进程的过程中，高校还应注重加强与国际教育机构的合作与交流。国际教育机构在国际教育领域发挥着举足轻重的作用，它们不仅拥有丰富的国际教育资源和经验，还能为高校提供参与国际教育合作与交流的平台。通过与国际教育机构的合作与交流，高校可以及时了解国际教育的动态和趋势，引进国外先进的教育理念和教学方法，推动教育国际化的深入发展。

第二节　高校思想政治教育的创新手段

高校思想政治教育必须不断创新手段和方法，以适应时代发展和学生需求的变化。本节将从课程体系创新、教学方法创新、实践教学创新和技术应用创新四个方面探讨高校思想政治教育的创新手段。

一、课程体系创新

课程体系作为高校思想政治教育的核心组成部分，其设计与实施直接关系到教育资源的配置效率、教育成果的质量。为了适应新时代的发展需求，高校必须积极探索课程体系的创新路径，以优化教育资源配置，提高教育效果。

（一）构建模块化课程体系：促进知识系统化与个性化学习

模块化课程体系是一种将课程内容按照逻辑关联或主题进行划分和组织的创新模式。构建模块化课程体系是提升教学质量的有效途径。根据内容，可以将课程划分为以下几个核心模块。

基础理论模块：这一模块旨在帮助学生奠定坚实的思想政治理论基础，包括马克思主义基本原理、中国特色社会主义理论体系等核心内容。通过系统讲授和深入剖析，帮助学生建立正确的世界观、人生观和价值观。

实践应用模块：此模块注重将理论知识与实际应用相结合，通过案例分析、社会实践等方式，引导学生将所学理论运用于解决实际问题，增强他们的实践能力和社会责任感。

创新拓展模块：该模块旨在拓宽学生的知识视野，激发大学生的创新思维。可以开设诸如国际政治、比较政治、文化哲学等选修课程，鼓励学生进行跨学科学习，培养他们的综合素质和创新能力。

模块化教学的优势在于其灵活性和个性化。学生可以根据自己的兴趣和需求选择不同的模块组合，实现个性化学习路径。同时，模块化教学也有利于教师根据学生的学习反馈及时调整教学内容和方法。

（二）开设跨学科课程：拓宽知识视野，培养综合素质

跨学科课程是高等教育发展的重要趋势之一。在高校思想政治教育中，开设跨学科课程对于拓宽学生的知识视野、培养他们的综合素质和创新能力具有重要意义。

例如，可以将马克思主义理论与政治学、经济学、伦理学等学科相结合，开设如“马克思主义与政治学研究”“经济学伦理与社会责任”等跨学科课程。这些课程不仅有助于学生深入理解马克思主义的基本原理，而且有助于引导他们从多学科视角审视和分析社会现象，培养他们的批判性思维和跨学科研究能力。

此外，跨学科课程还有助于促进学科之间的交流与融合，推动学术创新。通

过跨学科教学，教师可以打破学科壁垒，探索新的研究领域和教学方法，为高校思想政治教育注入新的活力。

（三）引入在线开放课程：拓展学习途径，提高教学效率

随着互联网技术的飞速发展，在线开放课程已成为高等教育领域的重要创新形式。在高校思想政治教育中引入在线开放课程，可以为学生提供更加便捷、高效的学习途径。

在线开放课程具有资源丰富、学习灵活、互动性强等特点。学生可以通过在线学习平台随时随地访问优质教育资源，如视频讲座、电子教材、在线测试等。他们还可以参与在线讨论和交流活动，与来自不同地域、不同背景的同学和教师共同探讨学术问题，拓宽视野，增进友谊。

对于高校而言，引入在线开放课程也有助于提高教学效率和质量。教师可以通过在线平台发布教学任务、监控学习进度、评估学习成果，实现教学过程的全程管理和个性化指导。在线开放课程还可以为高校节省教学资源，降低教学成本，提高教育资源的利用效率。

二、教学方法创新

通过创新教学方法，可以激发学生的学习兴趣和积极性，提高他们的参与度和思考能力。

（一）混合式教学法：融合线上与线下的教学优势

混合式教学法，即将线上自主学习与线下课堂讲授有机结合的教学模式，为高校思想政治教育带来了新的活力。在线上环节，学生可通过网络平台获取丰富的学习资源，如视频讲座、电子书籍、在线测试等，进行自主预习与复习；线下课堂则侧重深度讨论、答疑解惑与实践操作，实现知识的内化与迁移。这种教学模式充分发挥了线上教学灵活便捷、资源丰富，线下教学互动性强、反馈及时的优势，有效提升了教学效果与教学质量。

（二）案例分析法：深化理解，培养批判性思维

案例分析法作为一种以具体案例为载体的教学方法，在高校思想政治教育中具有重要意义。教师精选具有代表性、时效性的案例，引导学生围绕案例展开深入分析，探讨其背后的理论支撑、实践意义及存在的问题。通过小组讨论、角色扮演、辩论等多种形式，鼓励学生积极表达观点，培养其批判性思维和解决问题

的能力。案例分析法不仅能够帮助学生更好地理解和掌握知识点，而且能够促进理论与实践的紧密结合，增强思想政治教育的针对性和实效性。

（三）项目式学习：激发潜能，提升自主学习能力

项目式学习作为一种以学生为中心的探究式学习方法，强调学生在真实情境中主动探索、合作解决问题。教师可设计围绕特定主题或问题的项目任务，引导学生通过文献查阅、实地考察、专家访谈等多种方式，开展自主探究与实践。在项目实施过程中，学生需综合运用所学知识进行创新与合作，最终完成项目报告或成果展示。项目式学习不仅能够激发学生的学习兴趣和积极性，还能有效提升他们的自主学习能力和创新能力，为未来的职业发展奠定坚实基础。

三、实践教学创新

实践教学是高校思想政治教育的重要环节之一。创新实践教学环节和内容，可以提高学生的实践能力和创新能力。

（一）深化社会实践活动，促进知行合一

社会实践活动，作为理论知识与实践操作紧密相连的桥梁，在高校思想政治教育领域中具有举足轻重的地位。为了进一步强化实践成效，高校应当积极创新，并精心设计与策划多样化的社会实践活动形式，旨在确保学生能够在实践中深化对理论知识的认知，全面增强对社会的了解与感知。

具体而言，社区服务项目是一种重要实践形式。高校通过组织学生参与环境美化、助老助残、科普宣传等社区服务活动，让学生以实际行动贡献社会，增强他们的社会责任感和服务意识，培养他们的奉献精神。

此外，创新创业实践也是不可或缺的一环。高校应鼓励学生积极参与创新创业项目，如创办小微企业、投身创业竞赛、开发新产品或服务等。这些实践活动不仅锻炼了学生的创新思维，还提升了他们的创业能力，为他们未来的职业生涯奠定了坚实基础。

文化交流活动也是拓宽学生视野的重要途径。通过举办或参与国际学生交流会、民族文化展示、语言角等文化交流活动，学生得以拓宽国际视野，增进对不同文化的理解与尊重，提升了跨文化交流的能力。

科技应用探索则是将所学知识应用于实际的绝佳机会。高校应引导学生参与智能设备研发、软件开发、数据分析等科技应用项目，使他们在实践中提升技术实践能力和创新能力，紧跟新时代科技发展的步伐。

政策宣传与实践活动也是学生了解国家政策和社会议题的重要窗口。通过组织学生参与普法教育、推广环保政策、普及健康知识等政策宣传活动，加深学生对国家政策的理解。

（二）构建实践教学基地网络，强化实践教学资源供给

实践教学基地作为提供实践锻炼机会的重要平台，其建设与管理直接关系到实践教学的质量与效果。高校应积极构建涵盖爱国主义教育基地、科技创新实践平台等多类型的实践教学基地网络，确保学生能够在不同领域获得全面而深入的实践体验。应加强对实践教学基地的管理与运营，优化资源配置，提升实践教学质量，为学生提供更加便捷、高效、优质的实践锻炼机会。

（三）促进产学研深度融合，拓宽实践创新渠道

产学研合作作为连接产业界、学术界与研究界的纽带，对于推动高校思想政治教育的创新发展具有积极作用。高校应主动探索产学研合作的新模式与新路径，鼓励并引导学生积极参与科研项目、技术创新等活动，将所学知识应用于实际问题的解决中。通过产学研合作的深入实施，学生不仅能够紧跟行业动态与技术发展趋势，还能够在实践中锻炼创新思维与实践能力。产学研合作也为高校开展思想政治教育提供了更为广阔的实践平台与创新空间。

四、技术应用创新

（一）运用 VR 技术

VR 技术通过生成逼真的三维图像、环绕声音及触觉反馈，构建出高度仿真的虚拟环境。在高校思想政治教育中引入 VR 技术，具有多方面的创新价值。

一方面，可以创建虚拟实验环境。以历史、政治类课程为例，传统教学方式局限于文字描述和图片展示，学生难以真切地感受到历史事件和政治决策的复杂过程。例如，借助 VR 技术，可以实现“红军长征虚拟体验”，让学生能够以第一人称视角跟随红军战士经历长征，增强对历史知识的理解，激发爱国情感和民族自豪感。

另一方面，VR 技术可用于场景模拟。例如，在思想道德修养课程中，模拟“道德困境抉择”场景，让学生在虚拟环境中面对道德难题并做出选择，引导他们深入思考道德原则和价值观。

VR 技术的应用能显著提高学生的学习兴趣和参与度，使其更加主动地参与

到学习中来。它还能帮助学生更好地理解和掌握抽象的知识点，如通过构建虚拟的市场环境，让学生亲身体验经济现象，直观理解经济概念和经济理论。

（二）开发移动学习应用程序

移动学习应用程序打破了传统学习在时间和空间上的限制，为学生提供了更加便捷、高效的学习途径。

在开发时，应充分考虑高校思想政治教育的特点和需求。首先，应用内容应涵盖思想政治教育的各个方面，如思想政治理论课程、形势政策教育等。同时，设置在线测试、讨论区等功能，促进师生交流。

其次，应注重个性化学习体验。通过对学生学习数据的分析，为学生提供个性化的学习推荐和计划。此外，应用程序还应支持学生自主安排学习进度和内容。

最后，移动学习应用程序应具备良好的交互性和社交性。设置社交功能，让学生可以与其他同学交流和合作。同时，支持学生与教师之间的互动，如在线答疑、作业提交等。

移动学习应用程序的推广具有重要意义。它不仅能提高学生的学习效率和质量，还能促进教育资源的共享和优化配置，培养学生的自主学习能力和信息素养。

（三）建立智能教学系统

智能教学系统是利用人工智能技术进行教学辅助和管理的系统平台。在高校思想政治教育中建立智能教学系统，能为教师和学生提供智能化、个性化的服务。

对于教师而言，智能教学系统可以提供教学决策支持，如提供学生学习情况报告，帮助教师调整教学策略。同时，为教师推荐相关的教学资料和方法，提高教学效率和质量。

对于学生而言，智能教学系统可以提供个性化的学习服务，如根据学生学习情况和兴趣爱好制订学习计划，为学生提供实时的学习反馈和指导。

在教学管理方面，智能教学系统可以实现教学过程的自动化和智能化，如自动完成考勤管理、作业批改等工作，并对教学过程进行监测和评估，提出改进建议，促进教学质量提升。

智能教学系统的建设和运营需要高校、企业、科研机构的共同努力。通过各方合作，共同推动其在高校思想政治教育中的应用和发展，提高教学效率和教学质量，促进教育公平和个性化发展。

第三节　高校思想政治教育发展的优化路径

高校思想政治教育的发展路径是一个复杂而系统的过程，需要综合考虑多方面因素并制订相应的策略和措施，通过战略引领、资源配置、模式创新和队伍建设的协同推进，形成具有持续发展能力的育人体系。本节从顶层设计完善、资源配置推进、教学模式创新、师资队伍建设四个维度提出发展路径。

一、完善战略引领的顶层设计体系

（一）构建三级规划实施体系

建立“战略规划—年度计划—项目清单”的递进式规划机制。在校级层面制订五年发展规划，明确思想政治教育在人才培养体系中的战略定位；二级院系制订年度实施计划，细化课程建设、实践活动等具体目标；教学团队形成特色项目清单，打造“一院一品”的思想政治育人品牌。通过定期评估与动态调整机制，确保规划的前瞻性与落地性。

（二）健全制度保障机制

构建“1+N”政策支撑体系，以思想政治教育质量提升行动计划为核心，配套出台教师育人能力标准、实践教学管理办法、课程思政建设指南等专项制度。重点完善教师评价激励机制，将课程思政的成效纳入职称评审、绩效考核指标，形成制度保障闭环。

（三）构建协同育人网络

建立“校党委—职能部门—院系”三级联动机制，组建由宣传部、教务处、学工部等多部门参与的思想政治教育工作委员会。拓展“政校企社”协同平台，与地方党政机关共建实践基地，与行业龙头企业合作开发思想政治案例库，构建多方协同的“大思政”育人格局。

二、推进精准高效的资源配置

（一）实施差异化投入策略

建立“基础保障 + 特色培育”的资源配置模型。基础经费保障思想政治必修课程建设，特色经费重点支持虚拟仿真实践项目、跨学科思想政治工作坊等创新载体。设立专项基金支持青年教师开展思想政治教改研究，形成“保基本、促创新”的投入机制。

（二）构建资源共享平台

打造“云端思政资源库”，整合全国高校精品课程、名师讲座等数字资源，开发校本特色案例库。建设“思政实践基地地图”，系统整合校史馆、红色教育基地、行业领军企业等实体资源，形成线上线下联动的资源供给体系。

（三）建立动态调配机制

运用大数据分析技术，实时监测各院系思想政治资源的使用效能。构建资源需求预警模型，根据学生成长数据、教师教学反馈等信息动态调整资源配置。建立跨院系资源流转平台，实现师资、场地等资源的集约化使用。

三、深化“三位一体”教学模式创新

（一）打造融合型课程体系

构建“必修课程 + 学科渗透 + 特色模块”的课程矩阵。核心层强化“四史”教育等必修课程建设；中间层推进专业课程思政元素图谱建设；外围层开发“人工智能伦理”“工程伦理”等跨学科选修模块，形成层次分明、相互支撑的课程体系。

（二）创新立体化教学方法

推行“理论讲授 + 情境体验 + 项目实践”的混合教学模式。理论课堂采用议题式教学法，设置社会热点辩论环节；实践教学开发 VR 红色教育基地漫游项目；项目式学习组织“乡村振兴调研”“城市治理模拟”等实践课题，构建多维立体的教学场景。

（三）构建智慧化教学支持系统

建设思想政治教学智能管理平台，集成学情分析、质量监测、资源推送等功能。开发自适应学习系统，根据学生的认知特征推送个性化学习包。运用人工智能助教进行课堂教学实时互动分析，为教师提供教学策略优化建议。

四、建设专业化创新型师资队伍

（一）实施能力提升工程

构建“分层分类”培养体系：对新进教师实施“双导师制”培养，配备学科导师和思想政治导师；要求骨干教师参与思想政治教育研修项目；要求学科带头人组建跨学科教学创新团队。定期举办思想政治教学能力大赛，建立教师发展数字档案。

（二）创新协同育人机制

组建“思政教师 + 专业教师 + 行业导师”联合教学团队，共同开发课程、指导实践项目。建立教师定期轮岗交流制度，选派思想政治教师到党政机关挂职，安排专业教师兼任班主任，促进育人视角融合。

（三）完善发展支持体系

建设教师教学创新工坊，提供课程设计、技术应用等专项培训；设立思想政治教学研究专项课题，培育教学成果奖；建设教师心理健康支持中心，完善职业发展通道，形成“教学—科研—成长”的全方位支持体系。

参考文献

[1] 王方．网络时代高校思想政治教育对象研究 [M]. 北京：光明日报出版社，2024.

[2] 祭立怀，李娟，杨青，等．红色文化融入高校思想政治教育研究 [M]. 石家庄：河北人民出版社，2020.

[3] 徐焕喆，邱珍，郎明朗．中华体育精神融入高校思想政治教育实践路径探索 [J]. 体育文化导刊，2025（2）：95–102.

[4] 储丞好．网络亚文化背景下高校思想政治教育的现状及创新路径 [J]. 三角洲，2024（36）：124–126.

[5] 徐群芳，祖彤．新媒体媒介对高校思想政治教育的启示 [J]. 中国军转民，2024（24）：196–197.

[6] 韦佳．生成式人工智能介入高校思想政治教育的风险表征及应对策略 [J]. 金陵科技学院学报（社会科学版），2024，38（4）：61–67.

[7] 李苏婷．全媒体时代高校思想政治教育创新的公共理性考量 [J]. 教育评论，2024（12）：21–25.

[8] 李密园．新时代高校思想政治教育话语体系建设路径研究 [J]. 时代报告，2024（12）：128–130.

[9] 刘文珂，张艳君．数字技术赋能高校思想政治教育现代化路径探析 [J]. 教育探索，2024（12）：44–48.

[10] 陈雯婕，戴舒悦．网络舆情对高校思想政治教育的影响及应对 [J]. 浙江工业大学学报（社会科学版），2024，23（4）：458–462.

[11] 杨朝．网络短视频融入高校思想政治教育的路径 [J]. 中国高校科技，2024（12）：120–121.

[12] 施佩．高校辅导员视角下思想政治教育与大学生就业指导融合的路径研究 [J]. 就业与保障，2024（12）：30–32.

[13] 樊佳卉 . 中华民族传统节日文化融入高校思想政治教育的价值意蕴与实践路径 [J]. 辽宁民族研究，2024（3）：65–71.

[14] 丁浩轩，鲁宽民 . 高校思想政治教育共同体构建及其实践 [J]. 中学政治教学参考，2024（48）：32–36.

[15] 张艳秋，史馨月 . 高校思想政治教育对铸牢中华民族共同体意识的价值探究 [J]. 延边党校学报，2024，40（6）：69–74.

[16] 曹正 . 高校思想政治教育评价数字化的价值、挑战与优化路径 [J]. 四川轻化工大学学报（社会科学版），2024，39（6）：117–126.

[17] 张明亮 . 思想政治教育视域下高校以文化人思考 [N]. 河北经济日报，2024–12–26（12）.

[18] 刘越 . 高校对国家思想政治教育政策的执行偏差及对策建议 [N]. 河南经济报，2024–12–26（11）.

[19] 尹楠，邵献平 . 基于中华优秀传统文化创新高校思想政治教育范式 [N]. 精神文明报，2024–12–25（B02）.

[20] 李鹏，胡辰旭 . 党史学习教育融入高校大学生思想政治教育的实践路径 [N]. 科学导报，2024–12–24（B02）.